PSAT
퀴즈퍼즐 99

Public Service Aptitude Test

112 PSAT 퀴즈와 퍼즐 99

초판 1쇄 인쇄 | 2017년 07월 25일
초판 1쇄 발행 | 2017년 07월 25일

저　자 | 조은정 성인경 하상범
발행인 | 이기선
발행처 | 바흐하우스
주　소 | 서울시 관악구 호암로 24길64 4~5층
전　화 | 02-877-9069
팩　스 | 0504-088-9069
가　격 | 32,000
홈페이지 | www.hanpsat.com
ISBN　979-11-87460-04-6

* 이 책의 무단 전재 또는 복제 행위를 금합니다.

저자소개

조은정

* 경력
  - 서울 출생, 이화여자대학교 신문방송학과 졸업
  - 2011~2013 년 PSAT 고득점 합격
  - 3년 연속 90점대, 2013년 97.5
  - 한상준 PSAT 전문학원 언어논리 대표강사

* 저서
  - 조은정 언어논리 고득점 서브노트
  - 112 민간경력 PSAT 입문서
  - 2016 조은정 언어논리 모의고사 베스트 문제집
  - 2015 조은정 언어논리 모의고사 베스트 문제집

성인경

* 경력
  - 연세대학교 법학과 졸업
  - 2014년 5급공채 PSAT 고득점 합격 (언자상 85 87.5 90)
  - 2015년 2차 합격
  - 한상순 PSAT 전분학원 상황판단 전임강사

* 저서
  - 112 민간경력자 PSAT 기본서
  - 112 민간경력자 PSAT 기출해설집
  - PSAT 5급공채 논리퀴즈와 상황퍼즐

하상범 (보조 저자)

* 경력
  - 서울대학교 인문대 졸업
  - 한상준 PSAT 전문학원 상황판단 전임 연구원

* 저서
  - PSAT 5급공채 논리학 서브노트
  - 112 민간경력자 PSAT 기출해설

PSAT [조은정 논리퀴즈 ‖ 성인경 상황퍼즐]

목 차

시작하는 글	8
PART Ⅰ. 논리퀴즈	11
언어논리퀴즈 유형과 접근법	11
제1장 참과 거짓	19
1. 모순되는 진술의 쌍 찾기	20
2. 범인 찾기	26
3. 조건 연동하여 경우의 수 나누기	30
■ 실전문제	36
제2장 명제 기호화와 연결	43
1. 단순 연결고리 잡기	44
2. 논리적 연쇄로 모순 잡기	52
3. 확정적 정보 활용하기	60
4. 최대와 최소 구하기	66
■ 실전문제	70
제3장 매트릭스의 활용	77
1. 정보 정리하기	78
2. 매트릭스 응용하기	84
■ 실전문제	88
제4장 범위와 순서	93
1. 구획 나누기	94
2. 순서 배치하기	100
3. 범위 설정하기	104
■ 실전문제	110

PART II. 상황퍼즐　　　　　　　　　　　　　　115

상황판단퍼즐 유형과 접근법　　　　　　　　　　　116

제1장 경우를 따지는 문제　　　　　　　　　　121
　1. 경우의 수를 세는 문제　　　　　　　　　　122
　2. 자리를 찾는 문제　　　　　　　　　　　　126
　3. 대결 구도가 제시되는 문제　　　　　　　　132
　4. 1순위를 고르는 문제　　　　　　　　　　138
　5. 과정을 추론하는 문제　　　　　　　　　　148

제2장 날짜 계산 문제　　　　　　　　　　　163

제3장 시차 계산 문제　　　　　　　　　　　179

제4장 가중치를 부여하는 문제　　　　　　　189

제5장 수식이 제시되는 문제　　　　　　　　197

제6장 공간지각 문제　　　　　　　　　　　209

제7장 상속분 계산 문제　　　　　　　　　　223

제8장 차익 계산 문제　　　　　　　　　　　231

제9장 점수 간격을 이용하는 방법　　　　　　237

제10장 기타　　　　　　　　　　　　　　　247

PART III. 정답 및 해설　　　　　　　　　　　253

PART IV. 부록　　　　　　　　　　　　　　263

시작하는 글

PSAT라는 시험이 이 땅에 등장한 지 십 수 년이 지났지만 그에 대비한 효율적인 수험서를 찾기 어려운 것이 현실입니다. 특히 상황판단 영역에서 퀴즈 혹은 퍼즐이라고 불리는 문제들은 어떻게 정복하여야 할지가 매우 막막하고, 그러한 막막함을 속 시원히 해결해 줄 수 있는 책을 찾아보기가 어려웠습니다.

물론 이 책이 모든 고민을 해결해 줄 수 있다고 감히 말하지 못합니다. 하지만 이 책에 담긴 내용만큼은 시중의 그 어떤 책보다도 충실하다고 자부합니다. 이 책에서는 퍼즐 문제를 단순히 소재에 따라 구분하여 나열하지 않고, 접근하는 방법론이 비슷한 것들을 각각 모아서 제시하였습니다. 따라서 전체적인 체계와 문제가 나열된 순서 등을 고려하며 학습한다면, 퍼즐을 대하는 시각을 업그레이드할 수 있을 것입니다.

이 책에는 5급 공채에서 나온 것뿐만 아니라, 외교관후보자 선발시험, 입법고시, 민간경력자 일괄채용시험의 기출 문제, 그리고 필자가 2017년 대비 모의시험에서 선보였던 문제들도 포함되어 있습니다. 다양한 문제를 접해 볼 수 있다는 것이 이 책의 장점 중 하나입니다.

이 책과 더불어, 5급 공채 기출 문제만으로 구성된 『PSAT 112 성인경 상황판단 Basic』이나 민경채 기출 문제만으로 구성된 『112 민간경력자 PSAT 기출 유형분석총정리』를 본다면 공부의 깊이를 한층 심화시킬 수 있을 것입니다.

필자의 안내가 독자의 수험에 조금이나마 보탬이 되었으면 좋겠습니다.

– 2017년 7월, 그 어느 날에

성인경

논리 퀴즈는 2004년 PSAT가 도입된 이래 언어논리에서 한 해도 빠지지 않고 출제되고 있습니다. 언제든 시험장에 들어가면 반드시 만나게 되는 문제라는 뜻입니다. 최근 들어 PSAT 합격 커트라인이 상승함에 따라 논리 퀴즈를 포기하는 것은 예전보다 더욱 바람직하지 않게 되었습니다. 논리 퀴즈에 대한 바람직한 전략은 무엇일까요?

필자가 수험생이었던 시절 언어논리에서 가장 부담스러웠던 부분이 바로 논리 퀴즈였습니다. 이 책을 펼쳐 든 여러분과 다르지 않았습니다. 게다가 논리 퀴즈는 논리력이 집약된 형태로 나타나기 때문에 잘못 손을 댔다가 시간이 많이 걸릴 수 있습니다. 그래서 저도 한 때는 시험장에서 논리 퀴즈를 마지막에 풀고 뒤로 남기곤 했었습니다.

또한 논리 퀴즈를 대비하며 느꼈던 가장 큰 어려움은, 매년 새로운 형태로 출제되는 논리 퀴즈 문제의 다양한 변화였습니다. 딱히 대비할 방법이 없어 보였습니다. 그러나 논리 퀴즈는 매번 새로운 형태로 출제되는 것이 아니라는 것을 깨달았습니다. 논리 퀴즈의 유형은 정해져 있었습니다. 같은 유형의 퀴즈가 매번 다른 문제인 것처럼 느껴지는 이유는 다르게 보이기 위해 늘 새로운 옷으로 갈아입고 나타나기 때문입니다. 새로운 옷을 입었다고 다르게 보인다면 그것은 퀴즈에 대한 유형 분석이 되어 있지 않다는 뜻입니다. 결국 논리 퀴즈에 대한 최선의 전략은 퀴즈유형을 분석하고 유형별 접근법을 숙지하는 데 있습니다. 따라서 대표적인 출세 유형이 무엇인지 살펴보고, 각 유형별로 기본적인 접근법을 정리해두는 것이 필요합니다.

이 책은 여러분들이 그 전략을 세우는 데 안내자 역할을 위한 목적으로 출간되었습니다. 제가 수험생 시절 만들어 놓았던 기출 유형 분류를 기준으로 구성하였고, 각 유형 별로 주요 기출 문제를 선별하여 접근 방법을 상세히 설명했습니다. 시험장에서 제가 직접 적용했고 따라서 여러분도 적용할 수 있는 실용적인 접근법을 수록하였습니다.

공부하실 때는 퀴즈별 접근법을 암기하는 것이 아니라 반드시 퀴즈의 유형과 각 유형의 특성에 초점을 맞추길 바랍니다. 이러한 방식으로 꾸준히 연습한다면 제가 그러하였듯이 여러분도 논리 퀴즈에 대한 두려움을 떨쳐버릴 수 있을 겁니다. 이 책이 논리 퀴즈라는 큰 산을 뛰어넘을 수 있는 디딤돌이 되길 바랍니다.

- 2017년 7월 15일
장마 후 화창한 날을 기대하며
조은정

PART I

논리퀴즈

PSAT 논리퀴즈와 상황퍼즐
언어논리퀴즈 유형과 접근법

언어논리는 문제의 출제 패턴에 익숙해지는 것이 중요하다. 출제 패턴이 있다는 것은 곧 출제되는 문제의 유형이 정해져 있다는 것이다. 결국 수험생 입장에서 언어논리를 고득점하기 위해서는 기출 문제를 유형화시키는 단계를 거치는 것이 필요하다. 즉 독해 문제든 논리 문제든 매년 반복되어 나오는 유형을 정리하고 그 유형의 접근법을 익히는 것이 가장 효율적인 공부법이다. 동일한 문제가 출제되지는 않지만, 동일한 유형의 문제는 매년 출제되기 때문이다.

이는 논리 퀴즈에서도 다르지 않다. 늘 생소하고 새로운 문제가 추가되는 것 같지만 언어논리에서 출제되는 논리 퀴즈의 유형은 정해져 있다. 지금까지 출제된 문제들을 분석해보면 동일한 유형의 논리 퀴즈가 문제의 상황만 바뀌어 반복적으로 출제되고 있음을 알 수 있다. 그렇다면 우리가 지금 준비해야 하는 것은 분명해진다. 논리 퀴즈에 강해지기 위해서는 반복적으로 출제되는 논리 퀴즈 유형을 정리해야 한다는 것이다. 그래야 시험장에서 퀴즈를 만났을 때, '이것은 어떤 유형의 퀴즈이니 이렇게 접근하자.'는 일련의 과정이 지체 없이 이루어질 수 있다.

논리 퀴즈를 유형화하는 이유는 시험장에서 조금이라도 망설이는 시간을 줄이고, 유형대로 정해진 접근 방법을 적용하기 위함이다. 유형을 지나치게 세분화하는 것은 수험 적합성이라는 측면에서는 의미가 없다. 따라서 이 책에서는 언어논리의 논리 퀴즈를 크게 네 가지 유형으로 분류하고자 한다. 매년 출제되는 유형으로서, 접근법이 동일하게 묶일 수 있는 유형으로 각 장을 구성하였다. 각 장의 하위에 분류되어 있는 문제는 그 유형에서 자주 출제되는 패턴의 문제들이다. 이러한 논리 퀴즈의 유형을 간단하게 정리하면 다음과 같다.

논리퀴즈 맵핑하기

논리 퀴즈 유형	출제 패턴
제1장 — 참과 거짓	모순되는 진술의 쌍 찾기 / 범인 찾기 / 조건 연동하여 경우의 수 나누기
제2장 — 명제 기호화와 연결	단순 연결고리 잡기 / 논리적 연쇄로 모순 잡기 / 확정적 정보 활용하기 / 최대와 최소 구하기
제3장 — 매트릭스 활용하기	정보 정리하기 / 매트릭스 응용하기
제4장 — 범위와 순서	구획 나누기 / 순서 배치하기 / 범위 설정하기

1. 참과 거짓

참과 거짓은 참말과 거짓말 한 사람이 나눠져 있는 퀴즈 유형이다. 몇몇 사람들이 각각의 진술을 하고 있는 지문이 주어지고, '오직 한 사람만이 거짓말을 하고 있다'거나 참말을 한 사람과 거짓말을 한 사람의 수를 제시해 주는 형태로 출제된다. 이러한 퀴즈 유형에서는 경우의 수를 따지는 과정이 필요하다. 누가 참말을 했고 누가 거짓말을 했는지 정해져 있지 않기 때문이다. 이러한 상황에서 A~E 5명의 진술이 주어져 있다면, 거짓말 한 사람이 단 한 명이라 해도 가능한 경우의 수는 다섯 가지나 된다.

언어논리에서 하나의 퀴즈 해결을 위해 주어진 시간은 2분 남짓이다. 이 시험에서 승패를 판가름하는 것은 결국 시간인 셈이다. 다섯 가지 경우를 모두 생각하는 사람과 한 가지 경우만 생각하는 사람 중 누가 시간을 적게 쓰게 될지는 자명하다. 결국 경우의 수를 줄이는 것이 관건이다. 경우의 수를 줄이는 가장 좋은 방법은 주어진 진술 중 서로 모순되는 진술을 찾아내는 것이다. 모순되는 진술을 하고 있다는 것은 한 명의 진술이 참이면 다른 한 명의 진술은 거짓인 것이 분명한 관계이므로 경우의 수가 두 가지로 압축될 수 있다. 이것이 참말과 거짓말 유형의 퀴즈를 해결하는 가장 핵심적인 접근법이다.

물론 모든 참 거짓 퀴즈가 모순되는 진술의 쌍을 찾는 방식으로만 해결될 수 있는 것은 아니다. 예를 들어, 범인을 찾는 유형에서는 단독 범행이라는 조건과 몇 개의 진술이 거짓이고 참인지를 제시해 주는 경우가 많다. 이때 두 가지 조건 중 어디에 초점을 맞추는지에 따라 접근 방법이 달라진다. 첫 번째 조건에 초점을 맞추면, 모순을 찾지 않아도 범인이 누구인지를 기준으로 경우의 수를 나누어 문제를 해결할 수 있다.

2. 명제 기호화와 연결

지문에 주어진 여러 문장의 조건을 기호화 하고 이를 연결시켜 답을 찾아내는 유형의 퀴즈이다. 조건으로 주어진 대여섯 개의 명제를 빠르게 기호화할 수 있어야 하고, 기호화한 조건을 연결시키는 과정도 필요하다. 그 과정에서 다양한 경우의 수가 나오기도 한다. 기호화는 어렵지 않으나 핵심은 연결에 있다. 기호화한 문장들 간의 논리적 관련성을 잡아낼 수 있어야 한다는 것이다.

명제들을 연결시키는 것이 어려운 이유는 어디서부터 연결을 잡아내야할지 막막하기 때문이다. 그래서 발문이나 조건에 연결의 시작점이 주어지면 문제는 단순해진다. 즉 확정적인 정보가 제시되어 있다면 그것을 시작점으로 삼아 명제들을 연결시키면 되는 것이다. 문제는 확정적인 정보가 주어지지 않은 유형이다. 이런 유형의 퀴즈를 해결하기 위해서는 우리가 스스로 시작점을 잡아줘야 한다. 시작점을 잡는 가장 좋은 방법은 주어진 조건들 사이에 모순되는 점이 있는지 찾아주는 것이다. 결국 이 유형의 퀴즈에서도 모순이 핵심이다.

이 유형은 가장 전형적인 논리 퀴즈여서 응용의 여지도 높다. 확정적인 정보를 통해 다른 정보들의 참 거짓 여부를 명확하게 드러내주는 문제와 조건을 제시해 주고 최대치나 최소치를 찾으라는 문제 모두 이 유형에 해당하는 퀴즈이다. 따라서 문제에서 요구하는 바가 다르더라도 접근하는 방식은 비슷하다. 명제를 기호화하여 연결시키고, 그 과정에서 확정적인 정보나 모순되는 정보를 놓치지 않는 것이 바로 그것이다.

3. 매트릭스의 활용

매트릭스란 세로축과 가로축 두 가지 기준을 연계시켜 정보를 정리할 수 있는 표를 의미한다. 논리 퀴즈에 반드시 매트릭스를 써야하는 문제가 정해져 있는 것은 아니다. 다만 매트릭스는 주어진 정보를 효율적으로 정리할 수 있는 틀이기 때문에 복합적인 정보가 포함된 퀴즈를 해결하는 데 좋은 방법이 될 수 있다. 예를 들어, 무언가를 달성하기 위해 충족해야하는 조건을 주고 그것을 충족했는지 여부에 대한 언급들이 나열되어 있는 퀴즈는 매트릭스를 활용하여 조건 충족 여부를 O, ×로 표시해주는 것이 효율적이다.

매트릭스를 활용하는 퀴즈는 단순히 정보를 정리해야하는 기본적인 유형뿐만 아니라 앞서 언급한 참말과 거짓말 유형이나 명제 기호화 유형과 함께 응용되어 출제되기도 한다. 주어진 조건 중에 조건 명제와 이미 확정된 사실이 제시되어 있는 경우를 생각해보자. 예를 들어, 'A가 수강하는 과목은 B도 수강한다.'는 조건은 'A→B'로 기호화 하면 되지만, 'A는 경제학과 행정학은 수강지만 정치학은 수강하지 않는다.'는 정보는 매트릭스를 그려서 표시하는 것이 좋다. 이때 B쪽에도 경제학과 행정학을 수강하는 것으로 표시하면 된다.

4. 범위와 순서

논리 퀴즈의 일반적인 접근법은 기호화를 하는 것이지만 반드시 그래야만 하는 것은 아니다. '모든 A는 B이다.'와 같은 전칭명제나 '어떤 B는 C이다.'와 같은 특칭명제는 기호화도 가능하지만, 범위를 설정해 주는 방식으로 접근하는 것도 좋은 방법이다. 이런 방식은 어느 정도 직관에 의존하는 접근법이라고 할 수 있다. 그림을 통해 가능한 범주를 시각화하는 방법이기 때문이다. 이 그림을 벤다이어그램이라고 한다. 예를 들어, 위의 두 가지 정보로부터 '어떤 A는 C가 아니다.'가 참이 되는지를 확인한다고 할 때, 기호화하여 접근하는 방식은 연결성을 잡아내는 데 어려울 수도 있다. 그러나 범위를 설정하는 방식으로 접근하면 아래와 같은 벤다이어그램을 그려서 해결할 수 있다.

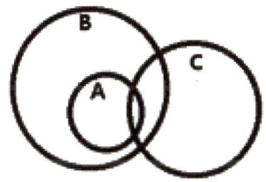

이 경우 '어떤 A는 C가 아니다.'는 C의 범위가 B의 범위와 얼마나 겹쳐지는지에 따라 참이 될 수도 있고 거짓이 될 수도 있음을 알 수 있다.

한편 순서를 정하는 유형의 퀴즈는 주어진 조건에 따라 논리적인 흐름을 잡아주는 것이 중요하다. 주어진 조건에 따라 확정될 수 있는 자리를 먼저 채워나가고, 가능한 경우의 수를 놓치지 말고 표시해주어야 한다. 이 과정에서 앞서 언급된 유형인 매트릭스를 그리는 것이 활용될 수 있다.

이제 각각의 유형에 해당되는 기출 문제와 실전 문제를 토대로 구체적인 접근법을 연습해보도록 하자.

Public Service Aptitude Test

제1장

참과 거짓

1. 모순되는 진술의 쌍 찾기

2. 범인 찾기

3. 조건 연동하여 경우의 수 나누기

01 PSAT 논리퀴즈와 상황퍼즐
모순되는 진술의 쌍 찾기

 다음 다섯 사람 중 오직 한 사람만이 거짓말을 하고 있다. 거짓말을 하고 있는 사람은? [06행15]

A : B는 거짓말을 하고 있지 않다.
B : C의 말이 참이면 D의 말도 참이다.
C : E는 거짓말을 하고 있다.
D : B의 말이 거짓이면 C의 말은 참이다.
E : A의 말이 참이면 D의 말은 거짓이다.

① A
② B
③ C
④ D
⑤ E

시험장 풀이법

문제에서 '오직 한 사람만이 거짓말을 하고 있다' 는 것이 이 퀴즈의 유형을 결정하는 포인트가 된다. 이러한 퀴즈 유형에서는 우선 A~E 5명 중에 서로 모순되는 진술을 하고 있는 한 쌍을 찾아내는 것이 필요하다. 모순되는 진술을 하고 있다는 것은 한 명의 진술이 참이면 다른 한 명의 진술은 거짓인 것이 분명한 관계이다. 따라서 경우의 수는 두 가지로 압축된다.

이 문제의 경우, C가 E는 거짓말을 하고 있다고 진술하고 있으므로 C와 E가 모순되는 관계가 된다. 그렇다면 경우의 수는 다음과 같이 두 가지로 나누어진다.

1. C가 참, E가 거짓인 경우

'A의 말이 참이면 D의 말은 거짓이다.' 는 E의 진술이 거짓이 되고, 나머지 A, B, D의 진술은 참이 된다. A와 D의 진술은 모두 참이므로 E의 진술은 거짓이 맞다. 가능한 경우이다.

2. C가 거짓, E가 참인 경우

C가 거짓말을 한 것이 되고 나머지 A, B, D, E의 진술은 참이 된다. 그런데 A와 D의 진술이 참이라면 E의 진술은 참이 될 수가 없다. 조건상에 모순이 발생하는 것이다. 따라서 가능하지 않은 경우이다.

 네 개의 상자 A, B, C, D 중의 어느 하나에 두 개의 진짜 열쇠가 들어 있고, 다른 어느 한 상자에 두 개의 가짜 열쇠가 들어 있다. 또한 각 상자에는 다음과 같이 두 개의 안내문이 쓰여 있는데, 각 상자의 안내문 중 적어도 하나는 참이다. 다음 중 진위를 알 수 없는 것은? [08꿈14]

○ A상자 : 1) 어떤 진짜 열쇠도 순금으로 되어 있지 않다.
　　　　　2) C 상자에 진짜 열쇠가 들어 있다.
○ B상자 : 1) 가짜 열쇠는 이 상자에 들어 있지 않다.
　　　　　2) A 상자에는 진짜 열쇠가 들어 있다.
○ C상자 : 1) 이 상자에 진짜 열쇠가 들어 있다.
　　　　　2) 어떤 가짜 열쇠도 구리로 되어 있지 않다.
○ D상자 : 1) 이 상자에 진짜 열쇠가 들어 있고, 모든 진짜 열쇠는 순금으로
　　　　　　 되어 있다.
　　　　　2) 가짜 열쇠 중 어떤 것은 구리로 되어 있다.

① B상자에 가짜 열쇠가 들어 있지 않다.
② C상자에 진짜 열쇠가 들어 있지 않다.
③ D상자의 안내문 1)은 거짓이다.
④ 가짜 열쇠 중 어떤 것은 구리로 되어 있다.
⑤ 어떤 진짜 열쇠도 순금으로 되어 있지 않다.

시험장 풀이법

모순되는 조건의 쌍을 선택하는 것이 필요하다. 이 문제에서는 C의 2)와 D의 2)가 모순되는 문장임을 알 수 있다. 따라서 두 가지 경우의 수가 나온다.

1. C의 2)가 참이고, D의 2)가 거짓인 경우

A상자	1) 어떤 진짜 열쇠도 순금으로 되어 있지 않다.	×
	2) C 상자에 진짜 열쇠가 들어 있다.	×
B상자	1) 가짜 열쇠는 이 상자에 들어 있지 않다.	
	2) A 상자에는 진짜 열쇠가 들어 있다.	
C상자	1) 이 상자에 진짜 열쇠가 들어 있다.	
	2) 어떤 가짜 열쇠도 구리로 되어 있지 않다	O
D상자	1) 이 상자에 진짜 열쇠가 들어 있고, 모든 진짜 열쇠는 순금으로 되어 있다.	O
	2) 가짜 열쇠 중 어떤 것은 구리로 되어 있다.	×

위의 결과는 '적어도 하나는 참이다.'라는 진술과 모순된다. 따라서 C의 2)가 거짓이고 D의 2)가 참으로 확정된다.

2. C의 2)가 거짓이고, D의 2)가 참인 경우

A상자	1) 어떤 진짜 열쇠도 순금으로 되어 있지 않다.	
	2) C 상자에 진짜 열쇠가 들어 있다.	O
B상자	1) 가짜 열쇠는 이 상자에 들어 있지 않다.	O
	2) A 상자에는 진짜 열쇠가 들어 있다.	×
C상자	1) 이 상자에 진짜 열쇠가 들어 있다.	O
	2) 어떤 가짜 열쇠도 구리로 되어 있지 않다	×
D상자	1) 이 상자에 진짜 열쇠가 들어 있고, 모든 진짜 열쇠는 순금으로 되어 있다.	×
	2) 가짜 열쇠 중 어떤 것은 구리로 되어 있다.	O

각각의 진술의 진위 여부가 모순 없이 결정되는데, 유일하게 A의 1)의 진위여부는 알 수 없다. 따라서 진위여부를 알 수 없는 진술은 '어떤 진짜 열쇠도 순금으로 되어 있지 않다.'이다.

사무관 A는 국가공무원인재개발원에서 수강할 과목을 선택하려 한다. A가 선택할 과목에 대해 갑~무가 다음과 같이 진술하였는데 이 중 한 사람의 진술은 거짓이고 나머지 사람들의 진술은 모두 참인 것으로 밝혀졌다. A가 반드시 수강할 과목만을 모두 고르면? [16(4)29]

갑 : 법학을 수강할 경우, 정치학도 수강한다.
을 : 법학을 수강하지 않을 경우, 윤리학도 수강하지 않는다.
병 : 법학과 정치학 중 적어도 하나를 수강한다.
정 : 윤리학을 수강할 경우에만 정치학을 수강한다.
무 : 윤리학을 수강하지만 법학은 수강하지 않는다.

① 윤리학
② 법학
③ 윤리학, 정치학
④ 윤리학, 법학
⑤ 윤리학, 법학, 정치학

시험장 풀이법

각각의 진술을 간단히 기호화 하여 정리하면 다음과 같다.

갑 : 법학 → 정치학

을 : ~법학 → ~윤리학

병 : 법학 or 정치학

정 : 정치학 → 윤리학

무 : 윤리학 & ~법학

문제에서 한 사람의 진술은 거짓이라 하였으므로 갑~무의 진술 중 모순되는 진술의 쌍을 찾는다. 을과 무의 진술이 모순관계에 있으므로 거짓을 말하는 사람은 을과 무 중 한 명이고, 나머지 갑, 병, 정은 참을 말한 것으로 확정된다. 이로써 A가 정치학과 윤리학을 수강한다는 것은 확정된다.

또한 을과 무의 진술 중 누구의 진술이 참인지에 따라 경우의 수는 다음 두 개로 나뉜다.

1. 을의 진술이 참인 경우

윤리학을 수강하면 법학도 수강하므로 A는 정치학, 윤리학, 법학을 수강하는 것이 된다.

2. 무의 진술이 참인 경우

윤리학을 수강하지만 법학은 수강하지 않으므로 A는 정치학과 윤리학만을 수강하는 것이 된다. 따라서 A가 반드시 수강할 과목은 두 가지 경우에 모두 해당되는 정치학과 윤리학이다.

02 범인 찾기
PSAT 논리퀴즈와 상황퍼즐

 경찰서에서 목격자 세 사람이 범인에 관하여 다음과 같이 진술하였다.

> A : 영희가 범인이거나 순이가 범인입니다.
> B : 순이가 범인이거나 보미가 범인입니다.
> C : 영희가 범인이 아니거나 또는 보미가 범인이 아닙니다.

경찰서는 이미 이 사건이 한 사람의 단독 범행인 것을 알고 있었다. 그리고 한 진술을 거짓이고 나머지 두 진술은 참이라는 것이 나중에 밝혀졌다. 안타깝게도 어느 진술이 거짓인지는 밝혀지지 않았다. 다음 중 반드시 거짓인 것은? [06행13]

① 영희가 범인이다.
② 순이가 범인이다.
③ 보미가 범인이다.
④ 보미가 범인이 아니다.
⑤ 영희가 범인이 아니면 순이도 범인이 아니다.

시험장 풀이법

이 문제는 문제 자체에 포진되어 있는 중요한 단서를 놓치면 안 된다. 단독 범행이라는 것과 하나의 진술만이 거짓이라는 것이 그것이다. 반드시 참이 아니라 반드시 거짓을 찾는 문제라는 점도 주의해야 한다.

우선 A, B, C의 진술을 간단히 기호화 한다. 그리고 단독 범행이라는 근거에 착안하여 영희, 순이, 보미 각각이 범인인 경우를 설정하고 각각의 경우에 A, B, C 진술의 진위 여부를 체크한다. 이를 정리하면 다음과 같다.

	영희	순이	보미
A : 영희 or 순이	T	T	F
B : 순이 or 보미	F	T	T
C : ~영희 or ~보미	T	T	T

문제의 또 다른 단서는 하나의 진술만 거짓이라는 것이다. 영희가 범인이거나 보미가 범인인 경우에는 이 조건을 만족한다. 그러나 순이가 범인인 경우에는 세 진술이 모두 참이 된다. 적어도 순이가 범인은 아니라는 것이다. 결국 반드시 거짓인 선택지는 순이가 범인이라 한 선택지가 된다.

 공금횡령사건과 관련해 갑, 을, 병, 정이 참고인으로 소환되었다. 이들 중 갑, 을, 병은 소환에 응하였으나 정은 응하지 않았다. 다음 정보가 모두 참일 때, 귀가 조치된 사람을 모두 고르면?   [13인11]

○ 참고인 네 명 가운데 한 명이 단독으로 공금을 횡령했다.
○ 소환된 갑, 을, 병 가운데 한 명만 진실을 말했다.
○ 갑은 '을이 공금을 횡령했다', 을은 '내가 공금을 횡령했다', 병은 '정이 공금을 횡령했다'라고 진술했다.
○ 위의 세 정보로부터 공금을 횡령하지 않았음이 명백히 파악된 사람은 모두 귀가 조치되었다.

① 병
② 갑, 을
③ 갑, 병
④ 을, 병
⑤ 갑, 을, 병

시험장 풀이법

이 문제 역시 한 명이 단독으로 공금을 횡령한 경우이므로 단독 범행이 된다. 한 명만 진실을 말했다고 하여, 몇 명이 진실을 말하고 거짓을 말했는지 역시 조건으로 주어져 있다. 두 가지 조건 중 어느 조건에 집중하느냐에 따라 문제 풀이 방식이 달라질 수 있다.

1. '한 명이 단독으로 공금을 횡령'에 집중하는 경우

    범인이 될 수 있는 사람을 각각 지정해 놓고 진술의 진위여부를 따진다. 그 결과는 다음과 같다.

	갑	을	병	정
갑 : 을	×	○	×	×
을 : 을	×	○	×	×
병 : 정	×	×	×	○

    조건에서 한 명만 진실을 얘기했다고 하였으므로 결국 정이 공금을 횡령한 사람이 된다.

2. '한 명만 진실을 말함'에 집중하는 경우

갑 : 을	×
을 : 을	×
병 : 정	○

    ⇒ 한 명만 진실을 얘기했으므로 가능한 경우는 이것밖에 없다.

따라서 공금횡령한 사람은 정이고, 나머지 갑, 을, 병은 귀가조치한다.

03 조건 연동하여 경우의 수 나누기
PSAT 논리퀴즈와 상황퍼즐

 A, B, C, D 네 사람만 참여한 달리기 시합에서 동순위 없이 순위가 완전히 결정되었다. A, B, C는 각자 아래와 같이 진술하였다. 이들의 진술이 자신보다 낮은 순위의 사람에 대한 진술이라면 참이고, 높은 순위의 사람에 대한 진술이라면 거짓이라고 하자. 반드시 참인 것은? [11우32]

> A : C는 1위이거나 2위이다.
> B : D는 3위이거나 4위이다.
> C : D는 2위이다.

① A는 1위이다.
② B는 2위이다.
③ D는 4위이다.
④ A가 B보다 순위가 높다.
⑤ C가 D보다 순위가 높다.

시험장 풀이법

자신보다 낮은 순위, 높은 순위에 대한 진술의 진위가 달라지는 조건을 추가해 놓았다. 이런 문제는 하나의 진술을 잡아 참인 경우와 거짓인 경우를 따져보는 것이 제일 나은 방법이다. 참일 경우를 가정해서 모순이 나오면 거짓인 것으로 결정되기 때문에 결국 따져봐야 하는 경우의 수는 하나밖에 없는 셈이다.

1. A가 참인 경우

1위	2위	3위	4위
A	C		

A가 참이면 C는 A보다 낮은 순위여야 한다. 그러면 될 수 있는 경우는 위의 경우 하나 뿐이다. 그러나 이는 C의 'D는 2위이다.'라는 진술과 모순된다. 따라서 A의 진술은 거짓이 된다.

2. A가 거짓인 경우

   1) 우선 A의 순위가 C보다 낮아야 하고, C는 1위와 2위가 아니어야 한다. 따라서 A는 4위, C는 3위로 결정된다.

   2) D는 C보다 순위가 높을 수밖에 없으므로 C의 진술은 거짓이 된다. 따라서 D는 1위가 된다.

   3) 그러면 B는 2위가 되어야 하고, 자신보다 순위가 높은 D에 대한 B의 진술은 거짓이 되어야 한다. 그런데 D가 3위나 4위가 아닌 1위이므로 B의 진술은 거짓이 맞다. 결국 순위는 다음과 같이 확정된다.

1위	2위	3위	4위
D	B	C	A

 다음을 참이라고 가정할 때, 반드시 참인 것만을 〈보기〉에서 모두 고르면? [14민08]

○ A, B, C, D 중 한 명의 근무지는 서울이다.
○ A, B, C, D는 각기 다른 한 도시에서 근무한다.
○ 갑, 을, 병 각각의 두 진술 중 하나는 참이고 다른 하나는 거짓이다.
○ 갑은 "A의 근무지는 광주이다."와 "D의 근무지는 서울이다."라고 진술했다.
○ 을은 "B의 근무지는 광주이다."와 "C의 근무지는 세종이다."라고 진술했다.
○ 병은 "C의 근무지는 광주이다."와 "D의 근무지는 부산이다."라고 진술했다.

| 보 기 |

ㄱ. A의 근무지는 광주이다.
ㄴ. B의 근무지는 서울이다.
ㄷ. C의 근무지는 세종이다.

① ㄱ
② ㄷ
③ ㄱ, ㄴ
④ ㄴ, ㄷ
⑤ ㄱ, ㄴ, ㄷ

시험장 풀이법

세 번째 조건에서 각각의 두 진술 중 하나는 참이고 다른 하나는 거짓이므로 갑을 기준으로 처음 진술이 참인 경우와 두 번째 진술이 참인 경우로 경우의 수를 나누어 접근한다.

갑을 기준으로 처음 진술이 참인 경우와 두 번째 진술이 참인 경우로 경우의 수를 나누어 접근한다.

1. 갑의 처음 진술이 참인 경우

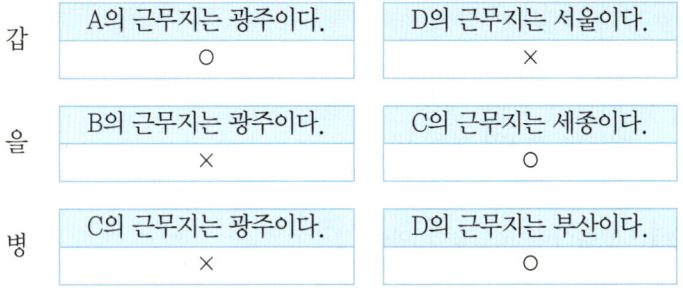

이에 따라 A, B, C, D의 근무지는 다음과 같이 확정된다.

A	B	C	D
광주	서울	세종	부산

2. 갑의 두 번째 진술이 참인 경우

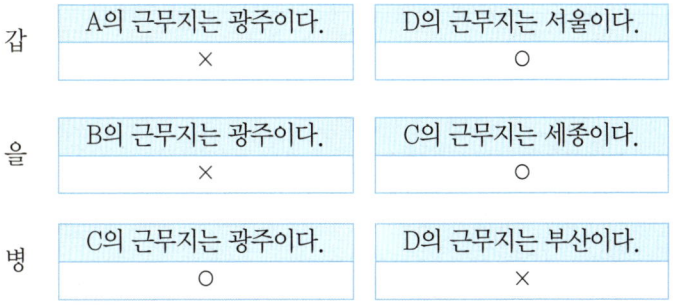

이에 따라 A, B, C, D의 근무지를 표시하면 다음과 같이 C의 근무지가 겹치는 모순이 발생한다.

A	B	C	D
		광주 세종	서울

따라서 이 경우는 답이 될 수 없다.

 3개의 방에 아래와 같은 안내문이 붙어 있다. 그 중 2개의 방에는 보물과 괴물이 각각 들어 있고, 나머지 방은 비어 있다. 괴물이 들어 있는 방의 안내문은 거짓이며 3개의 안내문 중 단 하나만 참이라고 할 때, 가장 올바른 결론은 어느 것인가?
[05견12]

> 방 A의 안내문: 방 B에는 괴물이 들어 있다.
> 방 B의 안내문: 이 방은 비어 있다.
> 방 C의 안내문: 이 방에는 보물이 들어 있다.

① 방 A에는 반드시 보물이 들어 있다.
② 방 B에 보물이 들어 있을 수 있다.
③ 괴물을 피하려면 방 B를 택하면 된다.
④ 방 C에는 반드시 괴물이 들어 있다.
⑤ 방 C에는 보물이 들어 있을 수 있다.

시험장 풀이법

방 A, B, C의 안내문 중 하나만 참이라고 했으므로 어느 방의 안내문이 참인지 가능한 경우의 수는 모두 세 가지이다. 이를 나타내면 다음과 같다.

	방 A	방 B	방 C
경우 1)	T	F	F
경우 2)	F	T	F
경우 3)	F	F	T

각각의 경우에 어느 방에 보물, 괴물이 들어 있고 어느 방이 비어있는지 살펴보면 다음과 같다.

	방 A	방 B	방 C
경우 1)	T – 보물	F – 괴물	F – 비어있음
경우 2)	F – 괴물	T – 비어있음	F – 괴물
경우 3)	F – 비어있음	F – 괴물	T – 보물

경우 1)과 2)는 모순 없이 배치된다. 그러나 경우 3)은 방 B에서 모순이 발생한다. 방 A의 안내문은 거짓이 되어야 하는데, 안내문에서 방 B에는 괴물이 들어있다고 되어 있으므로 방 B는 비어 있어야 한다. 그런데 방 B의 안내문은 거짓이어야 하기 때문에 방 B는 비어 있으면 안 된다. 결국 경우 3)은 가능한 경우에서 제외되고 경우 1)과 2)만 가능한 경우로 확정된다. 따라서 방 A에는 반드시 보물이 들어있다는 진술이 반드시 참이 된다.

실 전 문 제

 이번 달 출시를 앞두고 있는 제품의 디자인이 유출되는 사건이 발생했다. 디자인 정보를 유출한 사람은 디자인실 직원인 갑, 을, 병, 정, 무 5명 중 한 명이다. 경찰이 이들을 조사하는 과정에서 각각은 다음과 같이 말했다. 이 중 오직 하나만이 진실이라고 할 때 디자인 정보를 유출한 사람은 누구인가?

갑 : 디자인 정보를 유출한 사람은 병입니다.
을 : 병이 지목한 사람이 디자인을 유출한 사람이다.
병 : 디자인 정보를 유출한 사람은 무입니다.
정 : 을은 거짓말을 하지 않았다.
무 : 디자인 정보를 유출한 사람은 을이나 병 중 하나이다.

① 갑
② 을
③ 병
④ 정
⑤ 무

기말고사에서 1등을 한 사람이 누구인지를 두고 갑, 을, 병, 정, 무 다섯 학생이 다음과 같이 말했다. 이 중 진실만을 말하고 있는 사람은 2명뿐이었다. 1등을 한 사람은 단 한명 뿐이라고 할 때 이번 기말고사에서 1등을 한 사람은 누구인가?

갑 : 1등은 정이 했다. 무는 1등이 아니다.
을 : 1등은 무가 했다.
병 : 나는 1등을 하지 않았다. 정도 무도 1등이 아니다.
정 : 병이 1등이다.
무 : 1등은 내가 했다.

① 갑
② 을
③ 병
④ 정
⑤ 무

최근 뇌물수수사건과 관련하여 A, B, C, D, E가 참고인으로 소환되었다. 다음 정보가 모두 참이라고 할 때, 구속 조치된 사람을 고르면?

○ 다섯 명의 참고인 중 오직 한 명만이 거짓말을 하고 있다.
○ A는 'B는 참이다.', B는 'C가 참이면 D도 참이다.' 라고 진술했다.
○ C는 'E가 거짓말을 하고 있다.'고 했으며, D는 'C가 거짓말을 했다면, B는 참말을 했다.'고 진술했다.
○ E는 'A나 D 둘 중에 한명은 거짓말을 했고, 나머지 한명은 참말을 했다.'고 진술했다.
○ 거짓말을 한 사람은 구속 조치되었다.

① A
② B
③ C
④ D
⑤ E

 S 대학 경영학과에 재학 중인 갑, 을, 병, 정, 무, 기는 기말고사 성적을 받았다. 성적은 A, B, C, D 중 하나이며, A학점과 B학점을 받은 사람은 각각 2명이고 C학점과 D학점은 한 명씩 받았다. 각각은 기말고사 성적에 대해 아래와 같이 발언하였다. 각 발언 중 하나는 참이고 다른 하나는 거짓이라고 할 때, 반드시 참인 것은 무엇인가?

> 갑 : 나는 A학점을 받았고, 을도 A학점을 받았다.
> 을 : 나는 A학점을 받았고, 기는 B학점을 받았다.
> 병 : 나는 D학점을 받았고, 무는 C학점을 받았다.
> 정 : 나는 A학점을 받았고, 병은 C학점을 받았다.
> 무 : 나는 C학점을 받았고, 병은 A학점을 받았다.
> 기 : 나는 B학점을 받았고, 무는 D학점을 받았다.

① 갑은 A학점을 받았다.
② 을은 A학점을 받았다.
③ 병은 D학점을 받았다.
④ 정은 C학점을 받았다.
⑤ 무는 B학점을 받았다.

실전5 ▶ 다음에 따를 때, 반드시 참인 것은?

입사 동기인 A, B, C, D, E, F 6명이 이번 과장 승진 대상자에 올랐다. 과장에 승진할 수 있는 사람은 이들 중 단 한 사람이다. 이에 대해 인사부의 갑, 을, 병, 정 네 사람은 과장에 승진할 것 같은 사람에 대해서 각각 다음과 같이 예상했다.

　○ 갑 : A 아니면 B가 승진할 것이다.
　○ 을 : 승진하는 사람은 D, E, F 중 한 명이 될 것이다.
　○ 병 : C는 승진하지 못할 것이고 F가 승진할 것이다.
　○ 정 : D, E, F를 제외한 사람들 중에서 승진할 것이다.

인사이동이 있은 후에 갑, 을, 병, 정 네 사람의 예상을 비교해 보니, 단 한 사람만 승진 결과를 정확히 예상했다는 것이 밝혀졌다.

① B가 과장으로 승진했다.
② F는 과장으로 승진하지 못했다.
③ C가 과장으로 승진했다.
④ D는 과장으로 승진하지 못했다.
⑤ A가 과장으로 승진했거나 E가 과장으로 승진했다.

쇼트트랙 시합을 끝낸 선수 4명이 자신의 순위에 대해 〈보기〉와 같이 말했다. 이들의 발언 중 자기보다 상위자에 대한 발언은 거짓이고, 하위자에 대한 발언은 사실이라고 할 때, 순위가 높은 순서대로 나열한 것으로 옳은 것은?

| 보 기 |

빅토르안: 크네호트가 2위다.
크네호트: 신다운은 3위다.
신 다 운: 안톤 오노가 1위다.
안톤오노: 빅토르안은 2위가 아니다.

① 빅토르안 – 크네호트 – 신 다 운 – 안톤오노
② 빅토르안 – 신 다 운 – 크네호트 – 안톤오노
③ 크네호트 – 빅토르안 – 안톤오노 – 신 다 운
④ 크네호트 – 안톤오노 – 신 다 운 – 빅토르안
⑤ 안톤오노 – 신 다 운 – 빅토르안 – 크네호트

Public Service Aptitude Test

제2장

명제 기호화와 연결

1. 단순 연결고리 잡기
2. 논리적 연쇄로 모순 잡기
3. 확정적 정보 활용하기
4. 최대와 최소 구하기

01 단순 연결고리 잡기

PSAT 논리퀴즈와 상황퍼즐

 사무관 A, B, C, D, E는 다음 조건에 따라 회의에 참석할 예정이다. 반드시 참이라고는 할 수 없는 것은? [12민18]

○ A가 회의에 참석하면, B도 참석한다.
○ A가 참석하면 E도 참석하고, C가 참석하면 E도 참석한다.
○ D가 참석하면, B도 참석한다.
○ C가 참석하지 않으면, B도 참석하지 않는다.

① A가 참석하면, C도 참석한다.
② A가 참석하면, D도 참석한다.
③ C가 참석하지 않으면, D도 참석하지 않는다.
④ D가 참석하면, C도 참석한다.
⑤ E가 참석하지 않으면, B도 참석하지 않는다.

시험장 풀이법

주어진 조건을 기호화하면 다음과 같다. 기호화할 때 대우명제도 함께 표기해주면 조건들을 연결시키기가 수월하다. 대우명제는 [ ]로 표시해 놓았다.

1) A → B   [~B → ~A]
2) A → E   [~E → ~A]
   C → E   [~E → ~C]
3) D → B   [~B → ~D]
4) ~C → ~B   [B → C]

기호화한 조건들을 하나로 연결시켜주면 다음과 같다.

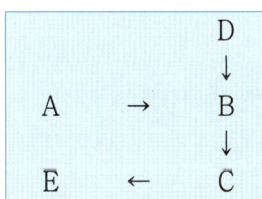

〈선택지 분석〉

① A → C   ⇒ 반드시 참
② A → D   ⇒ 연결 안 됨
③ (~C → ~D) = (D → C)   ⇒ 반드시 참
④ D → C   ⇒ 반드시 참
⑤ (~E → ~B) = (B → E)   ⇒ 반드시 참

정답 ②

예제10 환경부의 인사실무 담당자는 환경정책과 관련된 특별위원회를 구성하면서 외부 환경 전문가를 위촉하려 한다. 현재 거론되고 있는 외부 전문가는 A, B, C, D, E, F 이다. 이 여섯 명의 외부인사에 대해서 담당자는 다음의 조건을 충족시키는 선택을 해야 한다. 만약 B가 위촉되지 않는다면, 몇 명이 위촉되는가? [09경36]

- 만약 A가 위촉되면, B와 C도 위촉되어야 한다.
- 만약 A가 위촉되지 않는다면, D가 위촉되어야 한다.
- 만약 B가 위촉되지 않는다면, C나 E가 위촉되어야 한다.
- 만약 C와 E가 위촉되면, D는 위촉되어서는 안 된다.
- 만약 D나 E가 위촉되면, F도 위촉되어야 한다.

① 1명
② 2명
③ 3명
④ 4명
⑤ 5명

시험장 풀이법

주어진 조건을 기호화하면 다음과 같다. 대우명제는 [ ]로 표시해 놓았다.

1) 만약 A가 위촉되면, B와 C도 위촉되어야 한다.
   ⇒ A → (B & C)   [(~B or ~C) → ~A]

2) 만약 A가 위촉되지 않는다면, D가 위촉되어야 한다.
   ⇒ ~A → D   [~D → A]

3) 만약 B가 위촉되지 않는다면, C나 E가 위촉되어야 한다.
   ⇒ ~B× → (C or E)   [(~C & ~E) → B]

4) 만약 C와 E가 위촉되면, D는 위촉되어서는 안 된다.
   ⇒ (C & E) → ~D   [D → (~C or ~E)]

5) 만약 D나 E가 위촉되면, F도 위촉되어야 한다.
   ➡ (D or E) → F   [~F → (~D & ~E)]

문제에 제시된 조건을 놓쳐서는 안 된다. 이 문제의 경우 문제에 'B가 위촉되지 않는다면'이라는 조건이 있으므로 이것이 문제풀이의 시작점이 된다. 따라서 조건 3)부터 시작하면 된다.

위촉되는 경우를 ○, 위촉되지 않는 경우를 ×라 표시하면 다음과 같은 경우가 도출된다. 결국 위촉될 수 있는 사람 수는 어떤 경우이든 3명이 된다.

A	B	C	D	E	F
×	×	○	○	×	○
×	×	×	○	○	○

 **다음 글의 내용이 참일 때, 참인지 거짓인지 알 수 없는 것은?** [14A11]

"누군가를 사랑하거나 누군가에게 사랑받는 존재만이 의사를 표명할 수 있다."는 주장은 쉽게 받아들이기 어렵지만 참이다. 의사를 표명할 수 없는 존재는 사유할 수 없지만, 의사를 표명할 수 있는 존재는 사유할 수 있다. 이와 연관 지어 '사유', '행위', 그리고 '자유의지' 사이의 관계는 다음과 같다.

첫째, 어떤 존재든지 그것이 사유할 수 있을 때, 그리고 오직 그 때만 행위를 할 수 있다.

둘째, 행위를 할 수 없는 존재는 자유의지를 갖지 않는다.

자유의지를 갖지 않는 사람은 없다. 하지만 그 누구에게도 사랑받지 않는 존재들이 있다. 그런 존재들 중 하나를 '레이'라고 해 보자.

① 레이는 자유의지를 갖지 않거나 행위를 할 수 있다.
② 만일 레이가 사람이라면, 레이는 누군가를 사랑한다.
③ 레이는 누군가를 사랑하거나 자유의지를 갖지 않는다.
④ 만일 레이가 사유할 수 없다면, 레이는 행위를 할 수 없다.
⑤ 만일 레이가 의사를 표명할 수 있다면, 레이는 자유의지를 갖는다.

시험장 풀이법

> "1)누군가를 사랑하거나 누군가에게 사랑받는 존재만이 의사를 표명할 수 있다." 는 주장은 쉽게 받아들이기 어렵지만 참이다. 2)의사를 표명할 수 없는 존재는 사유할 수 없지만, 의사를 표명할 수 있는 존재는 사유할 수 있다. 이와 연관 지어 '사유', '행위', 그리고 '자유의지' 사이의 관계는 다음과 같다.
> 첫째, 3)어떤 존재든지 그것이 사유할 수 있을 때, 그리고 오직 그 때만 행위를 할 수 있다.
> 둘째, 4)행위를 할 수 없는 존재는 자유의지를 갖지 않는다.
> 5)자유의지를 갖지 않는 사람은 없다. 하지만 6)그 누구에게도 사랑받지 않는 존재들이 있다. 그런 존재들 중 하나를 '레이' 라고 해 보자.

독해문제와 유사한 지문을 가지고 있지만 논리문제이다. 따라서 지문을 구성하고 있는 문장 중 기호화해야할 문장을 골라 기호화한 후 선택지를 판별하는 방식으로 접근한다. 위의 지문에서 밑줄로 표시한 문장들이 기호화해야할 문장이다. 이를 기호화하면 다음과 같다.

1) 의사 → (사랑하는 or 사랑받는)
2) ~의사 → ~사유 ⇒ 의사 ↔ 사유

   의사 → 사유 ⇒ 의사 ↔ 사유
3) 사유 ↔ 행위
4) ~행위 → ~자유의지 ⇒ (자유의지 → 행위)
5) 사람 → 자유의지
6) ~사랑받는 = 레이

기호화한 문장을 연결하면 아래와 같다.

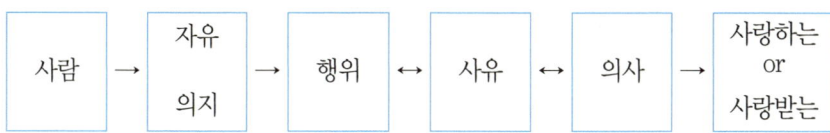

이를 바탕으로 선택지를 분석해보자.

① 레이 : ~자유의지 or 행위

⇒ 이를 다르게 표현하면 '자유의지 → 행위'이다. 위의 연결고리에서 자유의지에서 행위로 연결되므로 참이다.

② 레이 : 사람 → 사랑하는

⇒ 사람이면 (사랑하는 or 사랑받는)으로 연결되는데, '레이 = ~사랑받는' 이므로 레이가 사람이면 사랑하는 으로 연결된다. 따라서 참이다.

③ 레이 : 사랑하는 or ~자유의지

⇒ 이를 다르게 표현하면 '자유의지 → 사랑하는'이다. 위의 연결고리에 따르면 자유의지에서 (사랑하는 or 사랑받는) 으로 연결되는데, '레이 = ~사랑받는' 이므로 레이는 '자유의지 → 사랑하는'으로 연결된다. 따라서 참이다.

④ 레이 : ~사유 → ~행위

⇒ (행위 ↔ 사유)이므로 (~사유 → ~행위)이다. 따라서 만일 레이가 사유할 수 없다면, 레이는 행위를 할 수 없다는 것은 참이다.

⑤ 레이 : 의사 → 자유의지

⇒ (자유의지 → 행위 ↔ 사유 ↔ 의사)에서 (의사 → 자유의지)인지는 알 수 없다.

POINT

02 논리적 연쇄로 모순 잡기
PSAT 논리퀴즈와 상황퍼즐

 A, B, C, D, E, F 여섯 사람으로 구성된 부서에서 주말 당직을 정하는데 다음의 조건을 모두 지켜야 한다. 당직을 맡을 수 있는 사람을 바르게 짝지은 것은? [10우34]

○ A와 B가 당직을 하면 C도 당직을 한다.
○ C와 D 중 한 명이라도 당직을 하면 E도 당직을 한다.
○ E가 당직을 하면 A와 F도 당직을 한다.
○ F가 당직을 하면 E는 당직을 하지 않는다.
○ A가 당직을 하면 E도 당직을 한다.

① A, B
② A, E
③ B, F
④ C, E
⑤ D, F

시험장 풀이법

주어진 5개의 조건을 번호를 붙여 기호화하면 다음과 같다. 대우명제는 [ ] 안에 표시해 놓았다.

1) A와 B가 당직을 하면 C도 당직을 한다.
   ⇒ (A & B) → C   [~C → (~A or ~B)]

2) C와 D 중 한 명이라도 당직을 하면 E도 당직을 한다.
   ⇒ (C or D) → E   [~E → (~C & ~D)]

3) E가 당직을 하면 A와 F도 당직을 한다.
   ⇒ E → (A & F)   [(~A or ~F) → ~E]

4) F가 당직을 하면 E는 당직을 하지 않는다.
   ⇒ F → ~E   [E → ~F]

5) A가 당직을 하면 E도 당직을 한다.
   ⇒ A → E   [~E → ~A]

문제나 조건에 딱히 시작점이 주어져 있지 않은 경우, 조건 중에서 모순되는 것이 있는지 살피면 경우의 수가 줄어들 수 있다. 이 문제의 경우 조건 3)과 4)를 연결해보면 모순이 된다. 따라서 '~E'라는 것이 확정된다. 이를 바탕으로 당직을 하는 경우를 ○, 당직을 하지 않는 경우를 ×라 표시하면 다음과 같은 경우가 도출된다.

A	B	C	D	E	F
×	○	×	×	×	○

결국 당직을 할 수 있는 사람은 B와 F로 결정된다.

 사무관 A~E는 각기 다른 행정구역을 담당하고 있다. 이들이 담당하는 구역의 민원과 관련된 정책안이 제시되었다. 이에 대하여 A~E는 찬성과 반대 둘 중 하나의 의견을 제시했다고 알려졌다. 다음 정보가 모두 참일 때, 옳은 것은?

[13인31]

○ A 또는 D 둘 중 적어도 하나가 반대하면, C는 찬성하고 E는 반대한다.
○ B가 반대하면, A는 찬성하고 D는 반대한다.
○ D가 반대하면 C도 반대한다.
○ E가 반대하면 B도 반대한다.
○ 적어도 한 사람이 반대한다.

① A는 찬성하고 B는 반대한다.
② A는 찬성하고 E는 반대한다.
③ B와 D는 반대한다.
④ C는 반대하고 D는 찬성한다.
⑤ C와 E는 찬성한다.

시험장 풀이법

우선 조건을 기호화 한다. 대우명제는 [ ] 안에 표시한다.

1) A 또는 D 둘 중 적어도 하나가 반대하면, C는 찬성하고 E는 반대한다.
   ⇒ (~A or ~D) → (C & ~E)   [(~C or E) → (A & D)]

2) B가 반대하면, A는 찬성하고 D는 반대한다.
   ⇒ ~B → (A & ~D)   [(~A or D) → B]

3) D가 반대하면 C도 반대한다.
   ⇒ ~D → ~C   [C → D]

4) E가 반대하면 B도 반대한다.
   ⇒ ~E → ~B   [B → E]

5) 적어도 한 사람이 반대한다.
   ⇒ ~A or ~B or ~C or ~D or ~E

조건 3)과 조건 1)의 대우를 연결하면 ~D → ~C → (A & D) 가 되므로 모순이 발생한다. 따라서 D는 찬성한다는 것이 확정된다.

확정된 조건으로부터 조건 2) → 4) → 1) → 5) → 3) 순서로 적용하면 다음과 같이 도출된다. (○:찬성, ×:반대)

A	B	C	D	E
○	○	×	○	○

정답 ④

예제14 입사 지원자들에 대한 다음 정보를 토대로 지원자 W에 관하여 바르게 추론한 것만을 <보기>에서 모두 고르면? [14A32]

○ 실무영어 불합격자 가운데 경제학 전공자는 없다.
○ 실무영어 합격자 가운데 해외연수 경력이 없거나 25세 미만인 지원자는 없다.
○ 경제학 전공이거나 러시아어 특기자인 지원자 가운데 해외연수 경력이 있는 사람은 없다.
○ 25세 이상의 지원자로서 러시아어 특기자인 사람은 모두 해외연수 경력이 있다.

─| 보 기 |─
ㄱ. W는 경제학 전공자가 아니다.
ㄴ. W가 해외연수 경력이 없다면, 25세 미만이다.
ㄷ. W가 러시아어 특기자라면, 해외연수 경력은 없다.
ㄹ. W가 실무영어 합격자라면, 러시아어 특기자가 아니다.

① ㄱ, ㄴ
② ㄴ, ㄷ
③ ㄷ, ㄹ
④ ㄱ, ㄴ, ㄹ
⑤ ㄱ, ㄷ, ㄹ

시험장 풀이법

주어진 정보를 기호화하면 다음과 같다.

1) 실무영어 불합격자 가운데 경제학 전공자는 없다.
⇒ ~합격 → ~경제

2) 실무영어 합격자 가운데 해외연수 경력이 없거나 25세 미만인 지원자는 없다.
⇒ 합격 → (연수 & 25↑)

3) 경제학 전공이거나 러시아어 특기자인 지원자 가운데 해외연수 경력이 있는 사람은 없다.
⇒ (경제 or 러시아) → ~연수

4) 25세 이상의 지원자로서 러시아어 특기자인 사람은 모두 해외연수 경력이 있다.
⇒ (25↑ & 러시아) → 연수

이를 바탕으로 선택지를 판별해보자.

ㄱ. W는 경제학 전공자가 아니다.
⇒ 정보 1)의 대우명제와 정보 2), 정보 3)의 대우명제를 엮으면 다음과 같다.

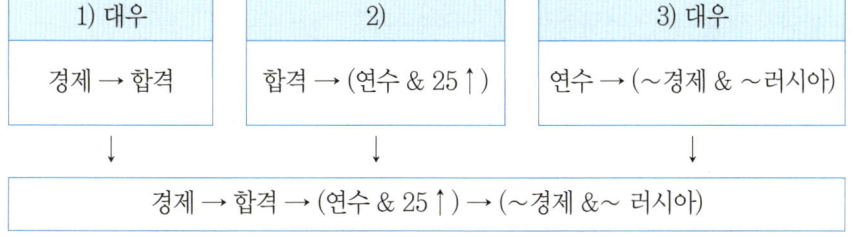

W가 경제학 전공자인 경우 결국 경제학 전공자가 아니라는 결과가 도출되는 모순이 발생한다. 따라서 W는 경제학 전공자가 아니다.

ㄴ. W가 해외연수 경력이 없다면, 25세 미만이다.

⇒ 정보 4)의 대우명제를 취하면 '~연수 → (~25 or ~러시아)'이다. 즉 해외연수 경력이 없다면 25세 미만이거나 러시아어 특기자가 아닌 것 중 둘 중 하나에만 해당할 수도 있으므로 W가 해외연수 경력이 없다고 해서 반드시 25세 미만이라고 할 수는 없다.

ㄷ. W가 러시아어 특기자라면, 해외연수 경력은 없다.

⇒ 정보 3)에 따르면, '(경제 or 러시아) → ~연수'이므로 W가 러시아어 특기자라면, 해외연수 경력은 없는 것이 된다.

ㄹ. W가 실무영어 합격자라면, 러시아어 특기자가 아니다.

⇒ 정보 2)와 정보 3)의 대우명제를 엮으면 다음과 같다.

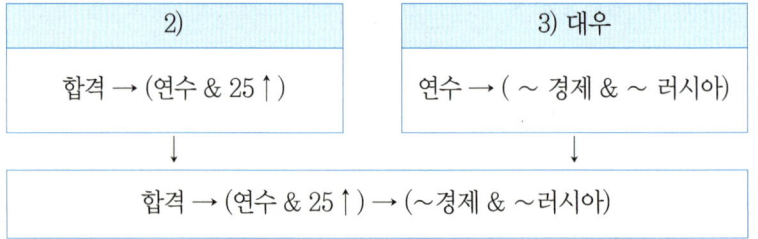

연결된 정보에 따르면, 실무영어 합격자인 경우 러시아어 특기자가 아닌 것이 된다. 따라서 W가 실무영어 합격자라면, 러시아어 특기자가 아니다.

POINT

정답 ⑤

03 확정적인 정보
PSAT 논리퀴즈와 상황퍼즐

 다음 정보가 모두 참일 때, 대한민국이 반드시 선택해야 하는 정책은? [14A12]

○ 대한민국은 국무회의에서 주변국들과 합동 군사훈련을 실시하기로 확정 의결하였다.
○ 대한민국은 A국 또는 B국과 상호방위조약을 갱신하여야 하지만, 그 두 국가 모두와 갱신할 수는 없다.
○ 대한민국이 A국과 상호방위조약을 갱신하지 않는 한, 주변국과 합동 군사훈련을 실시할 수 없거나 또는 유엔에 동북아 안보 관련 안건을 상정할 수 없다.
○ 대한민국은 어떠한 경우에도 B국과 상호방위조약을 갱신해야 한다.
○ 대한민국이 유엔에 동북아 안보 관련 안건을 상정할 수 없다면, 6자 회담을 올해 내로 성사시켜야 한다.

① A국과 상호방위조약을 갱신한다.
② 6자 회담을 올해 내로 성사시킨다.
③ 유엔에 동북아 안보 관련 안건을 상정한다.
④ 유엔에 동북아 안보 관련 안건을 상정하지 않는다면, 6자 회담을 내년 이후로 연기한다.
⑤ A국과 상호방위조약을 갱신하지 않는다면, 유엔에 동북아 안보 관련 안건을 상정한다.

시험장 풀이법

1. 정보의 기호화
   - 위에서부터 순서대로 번호를 붙여 차례로 기호화하면 다음과 같다.
   1) 합동 (⇒ 확정적)
   2) (A or B) & (A & B)
   3) ~A → (~합동 or ~유엔)
   4) B (⇒ 확정적)
   5) ~유엔 → 6자

2. 정보의 연결 – 확정적인 정보부터 시작하여 연결한다.
   ⅰ) 정보 4)에서 'B'가 확정적이므로 2)에서 '~A'가 확정된다.
   ⅱ) 정보 3)에서 '~A → (~합동 or ~유엔)'인데, 1)에서 '합동'이 확정적이므로 결국 '~유엔'이 확정된다.
   ⅲ) 정보 5)에서 '~유엔 → 6자'이므로 '6자' 역시 확정된다.

3. 선택지 기호화하여 판별
   ① A ⇒ ⅰ)에서 '~A'가 확정되었으므로 옳지 않다.
   ② 6자 ⇒ ⅲ)에서 '6자'가 확정되었으므로 옳다.
   ③ 유엔 ⇒ ⅱ)에서 '~유엔'이 확정되었으므로 옳지 않다.
   ④ ~유엔 → ~6자
      ⇒ 정보 5)에서 (~유엔 → 6자)이므로 옳지 않다.
   ⑤ ~A → 유엔
      ⇒ ⅱ)에서 보듯이 정보 3)과 1)를 연결하면 (~A → ~유엔)이므로 옳지 않다.

예제16 다음 글의 내용이 참일 때, 반드시 참인 것은? [16(4)08]

> 만일 A 정책이 효과적이라면, 부동산 수요가 조절되거나 공급이 조절된다. 만일 부동산 가격이 적정 수준에서 조절된다면, A 정책이 효과적이라고 할 수 있다. 그리고 만일 부동산 가격이 적정 수준에서 조절된다면, 물가 상승이 없다는 전제 하에서 서민들의 삶이 개선된다. 부동산 가격은 적정 수준에서 조절된다. 그러나 물가가 상승한다면, 부동산 수요가 조절되지 않고 서민들의 삶도 개선되지 않는다. 물론 물가가 상승한다는 것은 분명하다.

① 서민들의 삶이 개선된다.
② 부동산 공급이 조절된다.
③ A 정책이 효과적이라면, 물가가 상승하지 않는다.
④ A 정책이 효과적이라면, 부동산 수요가 조절된다.
⑤ A 정책이 효과적이라도, 부동산 가격은 적정 수준에서 조절되지 않는다.

시험장 풀이법

> 1)만일 A 정책이 효과적이라면, 부동산 수요가 조절되거나 공급이 조절된다. 2)만일 부동산 가격이 적정 수준에서 조절된다면, A 정책이 효과적이라고 할 수 있다. 그리고 3)만일 부동산 가격이 적정 수준에서 조절된다면, 물가 상승이 없다는 전제 하에서 서민들의 삶이 개선된다. 4)부동산 가격은 적정 수준에서 조절된다. 그러나 5)물가가 상승한다면, 부동산 수요가 조절되지 않고 서민들의 삶도 개선되지 않는다. 물론 6)물가가 상승한다는 것은 분명하다.

위에 표시한 번호 순서대로 문장을 간단히 기호화하면 다음과 같다.

1) 만일 A 정책이 효과적이라면, 부동산 수요가 조절되거나 공급이 조절된다.
   ⇒ A → (수요 or 공급)

2) 만일 부동산 가격이 적정 수준에서 조절된다면, A 정책이 효과적이라고 할 수 있다.
   ⇒ 가격 → A

3) 만일 부동산 가격이 적정 수준에서 조절된다면, 물가 상승이 없다는 전제 하에서 서민들의 삶이 개선된다.
   ⇒ (가격 & ~물가) → 개선

4) 부동산 가격은 적정 수준에서 조절된다.
   ⇒ 가격

5) 물가가 상승한다면, 부동산 수요가 조절되지 않고 서민들의 삶도 개선되지 않는다.
   ⇒ 물가 → (~수요 & ~개선)

6) 물가가 상승한다는 것은 분명하다.
   ⇒ 물가

이 중 4)와 6)은 조건문이 반복되는 가운데 확정적인 정보를 제공하고 있기 때문에 매우 중요하다. 이 부분이 문제 해결의 시작점이 된다. 확정적인 두 개의 정보를 출발점을 해서 나머지 모든 정보의 참/거짓 여부가 확정된다.

'가격'이 참으로 확정되므로 문장 2)에서 'A' 역시 참으로 확정된다. 또한 '물가'가 참으로 확정되므로 '~수요'와 '~개선' 역시 참으로 확정된다. 'A'가 참이고, '~수요'가 참이므로 문장 1)에서 '공급'이 참으로 확정된다. 확정된 참/거짓 여부를 문장 3)에 대입하면 '가격' 참, '~물가' 거짓, '개선' 거짓으로 모순 없이 맞아떨어진다. 참은 T, 거짓은 F로 표시하면 다음과 같은 결과가 도출된다.

A	수요	공급	가격	물가	개선
T	F	T	T	T	F

선택지도 정리하면 다음과 같이 기호화하여 나타낼 수 있다. 괄호 안의 표시는 참(T)/거짓(F) 여부이다.

① 서민들의 삶이 개선된다.

⇒ 개선 (F)

② 부동산 공급이 조절된다.

⇒ 공급 (T)

③ A 정책이 효과적이라면, 물가가 상승하지 않는다.

⇒ A → ~물가 (T → F = F)

④ A 정책이 효과적이라면, 부동산 수요가 조절된다.

⇒ A → 수요 (T → F = F)

⑤ A 정책이 효과적이라도, 부동산 가격은 적정 수준에서 조절되지 않는다.

⇒ A & ~가격 (T & F = F)

POINT

04 최대와 최소 구하기
PSAT 논리퀴즈와 상황퍼즐

 기술평가회의를 개최하기 위해 A, B, C, D, E 중에서 평가위원을 위촉하려고 한다. 다음 제약조건에서 위촉할 수 있는 위원의 최소 인원과 최대 인원은?   [12인32]

○ A, B 중 최소 한 명은 회의에 참석해야 한다.
○ A가 참석하면, C도 참석해야 한다.
○ B가 불참하면, D도 불참해야 한다.
○ C가 참석하면, D, E 중 최소 한 명은 참석해야 한다.
○ E가 불참하면, C는 참석해야 한다.
○ D, E가 모두 참석하면, B는 불참해야 한다.

① 최소 1명, 최대 3명
② 최소 2명, 최대 3명
③ 최소 2명, 최대 4명
④ 최소 3명, 최대 4명
⑤ 최소 3명, 최대 5명

시험장 풀이법

우선 주어진 조건을 기호화하면 다음과 같다.

1) A, B 중 최소한 한 명은 회의에 참석해야 한다.
   ⇒ A or B

2) A가 참석하면, C도 참석해야 한다.
   ⇒ A → C   [∼C → ∼A]

3) B가 불참하면, D도 불참해야 한다.
   ⇒ ∼B → ∼D   [D → B]

4) C가 참석하면, D, E 중 최소한 한 명은 참석해야 한다.
   ⇒ C → (D or E)   [(∼D & ∼E) → ∼C]

5) E가 불참하면, C는 참석해야 한다.
   ⇒ ∼E → C   [∼C → E]

6) D, E가 모두 참석하면, B는 불참해야 한다.
   ⇒ (D & E) → ∼B   [B → (∼D or ∼E)]

최대값과 최소값을 구할 때는 모든 경우의 수를 다 따지려하지 말고 우선 가장 적은 인원이 되거나 가장 많은 인원이 될 수 있는 경우의 수부터 생각하는 것이 좋다. 즉 최대값을 구할 때는 아래 그려놓은 표에 O가 가장 많이 들어가는 경우를 생각해보고, 최소값을 구할 때는 반대로 O가 가장 적게 들어가는 경우를 생각해보는 것이다.

일단 최대값을 구할 때는 A와 B가 모두 참석하는 것을 가정해야 한다. 반면 최소값을 구할 때는 B만 참석하는 경우를 우선 생각해야 한다. 왜냐하면 A만 참석하는 경우에는 조건 2)에 의해 C도 자동적으로 참석하게 되기 때문이다. 이를 정리하면 다음과 같이 최대값과 최소값이 구해진다.

A	B	C	D	E	위원 수	
O	O	O	O	×	4	최대
O	O	O	×	O	4	
×	O	×	×	O	2	최소

 정책 갑에 대하여 A~G는 찬성이나 반대 중 한 의견을 제시하였다. 이들의 찬반 의견이 다음과 같다고 할 때, 반대 의견을 제시한 사람의 최소 인원은? [16(4)09]

○ A나 B가 찬성하면, C와 D도 찬성한다.
○ B나 C가 찬성하면, E도 찬성한다.
○ D는 반대한다.
○ E와 F가 찬성하면, B나 D 중 적어도 하나는 찬성한다.
○ G가 반대하면, F는 찬성한다.

① 2명
② 3명
③ 4명
④ 5명
⑤ 6명

시험장 풀이법

주어진 명제를 간단히 기호화하면 다음과 같이 표시할 수 있습니다.

1) A나 B가 찬성하면, C와 D도 찬성한다.

   ⇒ (A or B) → (C & D)

2) B나 C가 찬성하면, E도 찬성한다.

   ⇒ (B or C) → E

3) D는 반대한다.

   ⇒ ~D

4) E와 F가 찬성하면, B나 D 중 적어도 하나는 찬성한다.

   ⇒ (E & F) → (B or D)

5) G가 반대하면, F는 찬성한다.

   ⇒ ~G → F

3)이 단정적인 진술이므로 이것이 시작점이 된다. D가 반대하면 1)의 대우 명제에서 A와 B가 모두 반대한다는 것이 확정된다. 그러면 4)의 대우 명제에서 E나 F 중 적어도 한 명은 반대한다는 것이 도출된다. 그런데 우리는 반대 의견을 제시한 최소 인원을 찾아야 하므로 E나 F 중 한 명만 반대하는 것으로 잡는 것이 좋다. 5)의 대우 명제에서 F가 반대하면 G는 찬성하게 되므로 E나 F 중 F를 반대하는 것으로 잡는 것이 좋다. 결론적으로 다음과 같이 확정된다.(찬성을 ○, 반대를 ×로 표시한다.)

A	B	C	D	E	F	G
×	×	○	×	○	×	○

결국 반대 의견을 제시한 최소 인원은 4명이 된다.

실 전 문 제

 관악구는 새로 신설된 공공복지위원회에 새로운 시민위원을 임명하기로 했다. 후보자는 A, B, C, D, E, F 여섯 명이다. 다음 조건에 따를 때, 다음 중 반드시 참인 것은?

○ B를 위원으로 임명하면 C를 같이 임명할 수 없다.
○ E는 F가 임명되는 경우에, 그리고 오직 그런 경우에만 임명할 수 있다.
○ A를 임명하면 B를 같이 임명해야 한다.
○ E는 C가 임명되는 한에서 임명될 수 있다.

① A가 위원으로 임명되면 E도 위원으로 임명될 것이다.
② F는 위원으로 임명될 것이다.
③ B가 위원으로 임명되면 F도 위원으로 임명될 것이다.
④ A가 위원으로 임명되면 F는 위원으로 임명되지 않을 것이다.
⑤ F가 위원으로 임명되면 C는 위원으로 임명되지 않을 것이다.

 S기업의 회장은 새로운 제품 출시와 관련하여 긴급 임원회의를 소집하였다. 회의 소집 통보를 받은 임원은 A, B, C, D, E, F 여섯 명이다. 회의 참석 여부에 대한 상황이 다음과 같고, 세 명 이상은 회의에 참석했다고 할 때, 반드시 회의에 참석한 임원은?

○ A나 B 둘 중에 한 명은 회의에 참석한다.
○ A가 참석하면 C가 참석하거나 D가 참석한다.
○ B와 D 중 적어도 한 명이 참석하지 않으면 C도 참석하지 않는다.
○ B가 참석하면 E는 참석하지 않지만, C가 참석하면 E는 참석한다.
○ D가 참석하면 E가 참석하거나 F가 참석한다.

① C
② D
③ A, D
④ C, F
⑤ D, F

다음 정보를 토대로 바르게 추론한 것을 〈보기〉에서 모두 고르면?

○ 카테콜아민 자극에 대한 민감도가 증가하고 중성지방에 대한 에스테르화 반응이 일어나면 중성지방의 분해 속도가 평소보다 빨라진다.
○ 카테콜아민 자극 지방분해가 활성화되면 카테콜아민 자극에 대한 민감도가 증가하지 않고 지방세포 내의 호르몬 민감 리파아제가 활성화되지 않는다.
○ 지방세포 내의 호르몬 민감 리파아제가 활성화되면 카테콜아민 자극 지방분해가 활성화되거나 중성지방의 분해 속도가 평소보다 빨라진다.
○ 혈액 내 글리세롤과 지방산의 양이 증가하지 않으면 카테콜아민 자극 지방분해가 활성화되지 않고 중성지방의 분해 속도가 평소보다 빨라지지 않는다.

| 보 기 |

ㄱ. 혈액 내 글리세롤과 지방산의 양이 증가하지 않으면 지방세포 내의 호르몬 민감 리파아제가 활성화되지 않는다.
ㄴ. 지방세포 내의 호르몬 민감 리파아제가 활성화되면 카테콜아민 자극에 대한 민감도가 증가하지 않는다.
ㄷ. 카테콜아민 자극에 대한 민감도가 증가하면 카테콜아민 자극 지방분해가 활성화된다.
ㄹ. 지방세포 내의 호르몬 민감 리파아제가 활성화되지 않는다.

① ㄱ
② ㄱ, ㄷ
③ ㄴ, ㄹ
④ ㄱ, ㄴ, ㄷ
⑤ ㄴ, ㄷ, ㄹ

A~E 다섯 명의 친구들은 언어논리 스터디를 조직해 공부하려고 한다. 스터디 참여 여부가 다음과 같을 때, 스터디에 참여하는 최소인원과 최대인원은?

○ A가 스터디에 참여하거나 C가 스터디에 참여한다.
○ D가 스터디에 참여하지 않으면 A는 스터디에 참여하지 않으나 B는 참여한다.
○ A와 C 모두 스터디에 참여하면 E는 스터디에 참여하지 않는다.
○ C가 스터디에 참여하거나 D가 스터디에 참여하면 E도 스터디에 참여한다.
○ A가 스터디에 참여하고 C도 스터디에 참여하면 D는 스터디에 참여하지 않고 E는 스터디에 참여한다.

① 최소 1명, 최대 3명
② 최소 2명, 최대 3명
③ 최소 2명, 최대 4명
④ 최소 3명, 최대 4명
⑤ 최소 3명, 최대 5명

 갑돌이는 은하수노트-4로 스마트폰을 바꾸려고 한다. 다음 정보가 모두 참일 때, 반드시 참인 것은?

> ○ 스마트폰을 은하수노트-4로 바꾸기 위해서는 A사의 89요금제나 B사의 99요금제 중 하나만을 선택해야 한다.
> ○ A사의 89요금제를 선택하지 않으면 데이터를 무제한으로 쓸 수 없거나 음성통화 무제한 서비스를 받지 못한다.
> ○ 갑돌이는 데이터를 무제한으로 쓸 수 있다.
> ○ 갑돌이가 음성통화 무제한 서비스를 받지 못하면 장거리 연애를 하고 있는 여자친구와의 관계가 소원해질 것이고 외근이 잦은 업무를 수행하는 데 어려움을 겪을 것이다.
> ○ 갑돌이는 장거리 연애를 하고 있는 여자친구와의 관계가 소원해지지 않을 것이다.

① 갑돌이가 B사의 99요금제를 선택하면 음성통화 무제한 서비스 받는다.
② 갑돌이는 데이터를 무제한으로 쓸 수 없거나 음성통화 무제한 서비스를 받지 못한다.
③ 갑돌이가 A사의 89요금제를 선택하면 데이터를 무제한으로 쓸 수 없다.
④ 갑돌이는 외근이 잦은 업무를 수행하는 데 어려움을 겪지 않을 것이다.
⑤ 갑돌이는 B사의 99요금제를 선택하지 않는다.

 H기업 입사 대비 스터디를 함께하고 있는 A~F 6명이 상반기 H기업 신규채용에 지원하였다. 서류전형 결과에 대한 다음 사실에 따를 때, 반드시 참이 되는 것은?

- A, B, C 중 적어도 두 명은 서류전형에 합격했다.
- B가 서류전형에 합격했거나 F가 서류전형에 합격하지 못했다면 C는 서류전형에 합격하지 못했고 E는 서류전형에 합격했다.
- C나 D 중 적어도 한 명이 서류전형에 합격했다면 F는 서류전형에 합격하지 못했다.
- B와 C 모두 서류전형에 합격하지 못했다면 E 역시 서류전형에 합격하지 못했다.
- D가 서류전형에 합격하지 못했다면 A는 서류전형에 합격했으나 F는 합격하지 못했다.

① 서류전형에 합격한 사람은 최대 3명이다.
② A와 E는 서류전형 합격 여부가 같다.
③ D는 서류전형에 합격하였다.
④ B와 C는 서류전형 합격 여부가 같다.
⑤ F는 서류전형에 합격하였다.

Public Service Aptitude Test

제3장

매트릭스의 활용

1. 정보 정리하기

2. 매트릭스 응용하기

01 정보 정리하기

PSAT 논리퀴즈와 상황퍼즐

 콩쥐, 팥쥐, 향단, 춘향 네 사람은 함께 마을 잔치에 참석하기로 했다. 족두리, 치마, 고무신을 빨간색, 파란색, 노란색, 검은색 색깔별로 총 12개의 물품을 공동으로 구입하여, 각 사람은 각각 다른 색의 족두리, 치마, 고무신을 하나씩 빠짐없이 착용하기로 했다. 예를 들어 어떤 사람이 빨간 족두리, 파란 치마를 착용한다면, 고무신은 노란색 또는 검은색으로 착용해야 한다. 〈보기〉에 따른다면, 반드시 참이 되는 것은? [08꿈30]

| 보 기 |

ㄱ. 선호하는 것을 배정받고, 싫어하는 것은 배정받지 않는다.
ㄴ. 콩쥐는 빨간색 치마를 선호하고, 파란색 고무신을 싫어한다.
ㄷ. 팥쥐는 노란색 치마를 싫어하고, 검은색 고무신을 선호한다.
ㄹ. 향단은 검은색 치마를 싫어한다.
ㅁ. 춘향은 빨간색을 싫어한다.

① 콩쥐는 검은 족두리를 배정받는다.
② 팥쥐는 노란 족두리를 배정받는다.
③ 향단이는 파란 고무신을 배정받는다.
④ 춘향이는 검은 치마를 배정받는다.
⑤ 빨간 고무신을 배정받은 사람은 파란 족두리를 배정받는다.

시험장 풀이법

주어진 조건에 따라 표 아래, 위의 상황을 고려하여 빈칸을 채워나가면 확정적인 결과는 다음과 같다.

	빨간색	파란색	노란색	검은색
콩쥐	치마		고무신	
팥쥐	족두리	치마		고무신
춘향	고무신		치마	
향단	×	고무신	족두리	치마

다른 것은 모두 정해지는데 콩쥐와 춘향이의 경우에 어떤 색의 족두리를 가지게 되는지가 확정되지 않는다. 그러나 이를 찾으려고 애쓸 필요는 없다. 문제가 반드시 참인 것을 고르는 것이므로 콩쥐와 춘향이의 족두리 색깔에 대해 언급하고 있는 것은 답이 아닌 것이기 때문이다.

만들어진 매칭표 만으로도 향단이는 검은 치마를 배정받는다는 선택지가 반드시 참임을 알 수 있다.

정답 ④

 다음 글의 내용이 참일 때, A부처의 공무원으로 채용될 수 있는 지원자들의 최대 인원은?   [15민22]

> 금년도 공무원 채용시 A부처에서 요구되는 자질은 자유민주주의 가치확립, 건전한 국가관, 헌법가치 인식, 나라 사랑이다. A부처는 이 네 가지 자질 중 적어도 세 가지 자질을 지닌 사람을 채용할 것이다. 지원자는 갑, 을, 병, 정이다. 이 네 사람이 지닌 자질을 평가했고 다음과 같은 정보가 주어졌다.
>
> ○ 갑이 지닌 자질과 정이 지닌 자질 중 적어도 두 개는 일치한다.
> ○ 헌법가치 인식은 병만 가진 자질이다.
> ○ 만약 지원자가 건전한 국가관의 자질을 지녔다면, 그는 헌법가치 인식의 자질도 지닌다.
> ○ 건전한 국가관의 자질을 지닌 지원자는 한 명이다.
> ○ 갑, 병, 정은 자유민주주의 가치확립이라는 자질을 지니고 있다.

① 0명
② 1명
③ 2명
④ 3명
⑤ 4명

시험장 풀이법

논리퀴즈 문제는 주어진 정보를 빠트리지 않고 명료하게 정리하는 것이 중요하다. 이 문제처럼 다양한 정보가 주어진 경우에는 매트릭스를 활용하여 정보를 정리해주는 것이 좋다. 주어진 정보를 매트릭스로 정리하면 다음과 같다.

	자유 민주주의	건전한 국가관	헌법가치 인식	나라 사랑
갑	○	×	×	○
을		×	×	
병	○	○	○	
정	○	×	×	○

이때 표의 빈칸은 주어진 조건으로 확정될 수 없는 부분이다. 따라서 A부처의 공무원으로 채용될 수 있는 사람은 '병'뿐이다.

 **다음 내용이 참일 때, 반드시 참이라고는 할 수 없는 것은?** [12민24]

> 어떤 국가에 7개 행정구역 A, B, C, D, E, F, G가 있다.
>
> ○ A는 C 이외의 모든 구역들과 인접해 있다.
> ○ B는 A, C, E, G와만 인접해 있다.
> ○ C는 B, E와만 인접해 있다.
> ○ D는 A, G와만 인접해 있다.
> ○ E는 A, B, C와만 인접해 있다.
> ○ F는 A와만 인접해 있다.
> ○ G는 A, B, D와만 인접해 있다.
>
> 각 구역은 4개 정책 a, b, c, d 중 하나만 추진할 수 있고, 각 정책은 적어도 한 번씩은 추진된다. 또한 다음 조건을 만족해야 한다.
> ○ 인접한 구역끼리는 같은 정책을 추진해서는 안 된다.
> ○ A, B, C는 각각 a, b, c 정책을 추진한다.

① E는 d 정책을 추진할 수 있다.
② F는 b나 c나 d 중 하나의 정책만 추진할 수 있다.
③ D가 d 정책을 추진하면, G는 c 정책만 추진할 수 있다.
④ E가 d 정책을 추진하면, G는 c 정책만 추진할 수 있다.
⑤ G가 d 정책을 추진하면, D는 b 혹은 c 정책만 추진할 수 있다.

시험장 풀이법

매트릭스를 그려 인접하고 있는 여부를 ○, ×로 표시하면 지문에 주어진 조건을 더 정리하기 쉽다.

		A	B	C	D	E	F	G
a -	A		○	×	○	○	○	○
b -	B	○		○	×	○	×	○
c -	C	×	○		×	○	×	×
	D	○	×	×		×	×	○
	E	○	○	○	×		×	×
	F	○	×	×	×	×		×
	G	○	○	×	○	×	×	

이에 따라 선택지를 분석하면 다음과 같다.

① E는 d 정책을 추진할 수 있다.
→ E는 A, B, C와 모두 인접하므로 a, b, c 정책은 추진할 수 없고 d 정책만 추진할 수 있다.

② F는 b나 c나 d 중 하나의 정책만 추진할 수 있다.
→ F는 A와 인접하므로 a 정책을 제외한 b, c, d 중 하나를 추진할 수 있다.

③ D가 d 정책을 추진하면, G는 c 정책만 추진할 수 있다.
→ G는 A, B, D와 인접하므로 a, b 정책은 추진할 수 없고, 따라서 D가 d 정책을 추진하면, G는 c 정책만 추진할 수 있다.

④ E가 d 정책을 추진하면, G는 c 정책만 추진할 수 있다.
→ G는 A, B, D와 인접하므로 a, b 정책은 추진할 수는 없다. 그러나 E와는 인접하지 않으므로 c와 d 정책 중 하나를 추진할 수 있다.

⑤ G가 d 정책을 추진하면, D는 b 혹은 c 정책만 추진할 수 있다.
→ D는 A, G와 인접하므로 a 정책은 추진할 수 없고, 따라서 G가 d 정책을 추진하면, D는 b 혹은 c 정책만 추진할 수 있다.

02 매트릭스 응용하기
PSAT 논리퀴즈와 상황퍼즐

예제22 다음 글에서 추론할 수 있는 것은? [13인12]

다문화 자녀들이 한국생활에 잘 적응하도록 돕기 위해서는 이들과 문화적으로 교류할 수 있는 인재가 필요하다. 이에 정부는 다문화 자녀들과 문화적으로 소통할 수 있는 대학 인재를 양성하기로 하였다. 이를 위해 장학제도가 마련되었는데, 올해 다문화 모집분야는 이해, 수용, 확산, 융합, 총 4분야이고, 각 분야마다 한 명씩 선정되었다.

최종심사에 오른 갑, 을, 병, 정, 무는 심사결과에 대해 다음과 같이 추측하였는데, 이 중 넷은 옳았지만 하나는 틀렸다.

갑 : "을이 이해분야에 선정되었거나, 정이 확산분야에 선정 되었다."
을 : "무가 수용분야에 선정되었거나, 정이 확산분야에 선정되지 않았다."
병 : "을은 이해분야에 선정되지 않았고, 무는 수용분야에 선정되지 않았다."
정 : "갑은 융합분야에 선정되었고, 무는 수용분야에 선정되었다."
무 : "병을 제외한 나머지 학생들이 선정되었고, 정이 확산 분야에 선정되었다."

① 갑은 선정되지 않았다.
② 을이 이해분야에 선정되었다.
③ 병이 확산분야에 선정되었다.
④ 정이 수용분야에 선정되었다.
⑤ 무가 융합분야에 선정되었다.

시험장 풀이법

매칭형과 참/거짓 유형이 결합된 형태의 퀴즈 문제이다. 갑, 을, 병, 정, 무가 어느 분야에 선정되었는지는 매칭표를 그려서 접근하는 것이 좋고, 그 매칭표를 채우기 위한 진술은 전형적인 참/거짓 형태를 띠고 있으므로 모순되는 진술을 찾는 방향으로 접근하는 것이 필요하다.

우선 참/거짓과 관련하여 조건 중에 모순되는 것을 찾아야 한다. 그런데 갑, 을, 병, 정, 무 각각의 진술이 두 개의 문장이 '~거나,' 혹은 '~고,'로 연결되어 있다. 참/거짓을 따져줘야 하므로 '~거나,' 보다는 '~고,'로 연결된 조건부터 시작하는 것이 수월하다.

'~고,'로 연결된 조건부터 시작해보면 병의 뒷문장과 정의 뒷문장이 '무는 수용분야에 선정되지 않았다.' 와 '무는 수용분야에 선정되었다.' 로 모순을 이루고 있으므로 둘 중에 한 명은 틀렸다는 것을 알 수 있다. 따라서 나머지 갑, 을, 무의 추측은 모두 옳은 것이 된다. 이 때 무의 진술은 and로 연결되어 있으므로 앞뒤의 진술이 모두 옳은 것이 된다. 결국 무에서부터 시작하면 된다.

이때 무의 추측에 따르면 '병:신징× & 정:확산분야' 이므로 을의 추측 중 '무:수용분야' 이어야 하고, 그렇다면 '무는 수용분야에 선정되지 않았다.' 고 한 병의 추측이 틀린 것이 된다. 그러면 정의 추측은 옳은 것이 되므로 '갑:융합분야' 가 된다. 이를 매칭표에 표시하면 '을:이해분야' 가 된다. 아래 매트릭스는 이를 정리한 것이다.

	이해	수용	확산	융합
갑	×	×	×	○
을	○	×	×	×
병	×	×	×	×
정	×	×	○	×
무	×	○	×	×

 **예제12** 다음 글의 내용이 참일 때, 우수공무원으로 반드시 표창 받는 사람의 수는?
[17가32]

지난 1년간의 평가에 의거하여, 우수공무원 표창을 하고자 한다. 세 개의 부서에서 갑, 을, 병, 정, 무 다섯 명을 표창 대상자로 추천했는데, 각 부서는 근무평점이 높은 순서로 추천하였다. 이들 중 갑, 을, 병은 같은 부서 소속이고 갑의 근무평점이 가장 높다. 추천된 사람 중에서 아래 네 가지 조건 중 적어도 두 가지를 충족하는 사람만 우수공무원으로 표창을 받는다.

○ 소속 부서에서 가장 높은 근무평점을 받아야 한다.
○ 근무한 날짜가 250일 이상이어야 한다.
○ 공무원 교육자료 집필에 참여한 적이 있으면서, 공무원 연수교육에 3회 이상 참석하여야 한다.
○ 정부출연연구소에서 활동한 사람은 그 활동 보고서가 인사혁신처 공식 자료로 등록되어야 한다.

지난 1년 동안 이들의 활동 내역은 다음과 같다. 250일 이상을 근무한 사람은 을, 병, 정이다. 갑, 병, 무 세 명 중에서 250일 이상을 근무한 사람은 모두 자신의 정부출연연구소 활동 보고서가 인사혁신처 공식 자료로 등록되었다. 만약 갑이 공무원 교육자료 집필에 참여하지 않았거나 무가 공무원 교육자료 집필에 참여하지 않았다면, 다섯 명의 후보 중에서 근무한 날짜의 수가 250일 이상인 사람은 한 명도 없다. 정부출연연구소에서 활동한 적이 없는 사람은 모두 공무원 연수교육에 1회 또는 2회만 참석했다. 그리고 다섯 명의 후보 모두 공무원 연수교육에 3회 이상 참석했다.

① 1명
② 2명
③ 3명
④ 4명
⑤ 5명

시험장 풀이법

이 문제는 동그라미가 붙어있는 네 개의 정보와 그 앞뒤에 지문 형태로 제시된 일반적인 정보들을 연계시켜 확정적인 정보들을 끌어내어야 한다. 제시된 네 개의 문장뿐만 아니라 첫 단락과 마지막 단락에 제시된 정보를 놓치지 않아야 한다.

즉, 첫 단락에서 '각 부서는 근무평점이 높은 순서로 추천하였다. 이들 중 갑, 을, 병은 같은 부서 소속이고 갑의 근무평점이 가장 높다.'고 하였으므로 각 부서에서 근무평점이 가장 높은 사람은 갑, 을, 병, 정, 무 5명 모두가 아니라 갑, 정, 무 세 명이 된다. 또한 '만약 갑이 공무원 교육자료 집필에 참여하지 않았거나 무가 공무원 교육자료 집필에 참여하지 않았다면, 다섯 명의 후보 중에서 근무한 날짜의 수가 250일 이상인 사람은 한 명도 없다.'고 하였는데, 250일 이상을 근무한 사람으로 을, 병, 정이 제시되어 있으므로 갑과 무가 공무원 교육자료 집필에 참여했다는 사실이 도출된다.

	갑	을	병	정	무
소속부서에서 가장 높은 근무평점	○			○	○
근무날짜 250일 이상		○	○	○	
교육자료 집필 참여 & 연수교육 3회 이상 참석	○				○
정부출연연구소 활동 → 보고서 공식 자료로 등록			○		

이런 정보들을 보기 좋게 매트릭스로 정리하면 위와 같다. 적어도 두 가지를 충족하는 사람만 우수공무원으로 표창을 받는다고 했으므로 우수공무원으로 반드시 표창 받는 사람의 수는 갑, 병, 정, 무 4명이다.

실 전 문 제

 갑 사무관은 이번 주 금요일 월차를 내기로 했다. 그러나 금요일에 월차를 내려면 월요일부터 목요일까지 기초업무인 G, H, I, J와 응용업무인 L, M, N, O를 모두 마무리해 놓아야 한다. 갑은 하루에 기초업무와 응용업무를 각각 한 가지씩 하기로 계획하였다. 그리고 그는 업무의 성격을 고려하여 다음 원칙을 지키기로 하였다. 이 원칙에 따를 때 업무 L을 할 수 없는 날을 모두 열거하면?

○ 업무 G를 한 이후에 업무 M을 할 수 있다.
○ 업무 H와 N을 같은 날에 해야 한다.
○ 업무 I를 한 바로 다음 날 업무 G를 해야 한다.
○ 업무 O를 한 날 이후에 업무 N을 해야 한다.

① 월요일, 화요일
② 월요일, 수요일
③ 화요일, 수요일
④ 화요일, 목요일
⑤ 수요일, 목요일

 H 도서관은 A, B, C, D 네 개의 구역으로 나뉘어져 있다. 원래 도서관은 폐관 시간은 밤 9시지만 주말인 금~일요일에는 야간 시간대인 9~12시까지 도서관을 운영하기로 하였다. 다음 〈규칙〉에 따라 도서관을 운영한다고 할 때, 반드시 참인 것은?

| 보 기 |

○ C 구역이 운영되지 않는 요일이라면, B 구역은 운영된다.
○ A 구역이 운영되는 요일이라면, D 구역은 운영되지 않는다.
○ A 구역과 B 구역은 금요일 야간에 운영된다.
○ B 구역과 D 구역은 토요일 야간에 운영되지 않는다.
○ 일요일 야간에 운영된다면, 토요일 야간 또는 금요일 야간 중 적어도 하루는 운영된다.
○ 일요일 야간에는 운영되지만, 금요일 야간에는 운영되지 않는 구역이 있다.

① C 구역은 금요일 야간에 운영되지 않는다.
② A 구역은 토요일 야간에 운영되지 않는다.
③ B 구역은 일요일 야간에 운영된다.
④ D 구역은 금요일 야간에 운영된다.
⑤ A 구역은 일요일 야간에 운영된다.

 갑, 을, 병, 정 네 명은 겨울 계절 학기를 신청하였다. 다음 〈조건〉과 갑~정의 대화 내용에 따를 때, 옳지 않은 것은?

― | 조 건 | ―

○ 신청 가능한 과목은 경제학, 행정법, 정치학, 한국사 네 과목이다.
○ 경제학과 행정법은 3학점이고, 정치학과 한국사는 2학점이다.
○ 1교시에 3학점 과목을 들은 사람은 2교시에는 2학점 과목을 들어야 한다.
○ 갑, 을, 병, 정 네 명이 신청한 1교시 과목은 경제학, 행정법, 정치학, 한국사로 각각 다르고, 2교시 신청 과목도 경제학, 행정법, 정치학, 한국사로 각각 다르다.

갑 : 우리 과 학생들이 제일 많이 신청한 과목이 1교시는 행정법이고 2교시는 정치학이래. 난 경제학은 신청하지 않았어.
을 : 나도 경제학은 신청하지 않았어. 그리고 1교시에 법 과목 듣는 것도 내키지 않아서 법 과목 아닌 걸로 신청했어.
병 : 정은 2교시에 경제학 신청했다면서? 그러고 보니 우리 중에서는 우리 과에서 제일 많이 신청한 과목 조합과 동일한 과목을 신청한 사람은 아무도 없네.
정 : 그러네. 그런데 내가 1교시에 신청한 과목이랑 갑이 2교시에 신청한 과목이 같구나.

① 갑은 1교시에 정치학을 신청했다.
② 을은 2교시에 행정법을 신청했다.
③ 병은 1교시에 경제학을 신청했다.
④ 병은 2교시에 정치학을 신청했다.
⑤ 정은 1교시에 한국사를 신청했다.

 갑순, 을수, 병만, 정아 네 명은 겨울방학 동안 동계 올림픽 경기를 관람했다. 이들이 관람한 경기에 대한 정보가 다음과 같을 때, 〈보기〉 중 반드시 참인 것을 모두 고르면?

○ 정아가 관람한 경기는 갑순은 관람하지 않았다.
○ 병만이 관람하지 않은 경기는 을수가 관람했다.
○ 스키점프 경기는 관람했지만, 스피드 스케이팅 경기를 관람하지 않은 사람이 있다.
○ 스키점프 경기를 관람했다면, 피겨 스케이팅 경기 또는 스피드 스케이팅 경기 중 적어도 하나는 관람했다.
○ 갑순과 을수는 피겨 스케이팅 경기를 관람하지 않았다.
○ 을수와 정아는 스피드 스케이팅 경기를 관람했다.

| 조 건 |

ㄱ. 스피드 스케이팅 경기를 관람한 사람은 을수와 정아뿐이다.
ㄴ. 병만은 피겨 스케이팅 경기는 관람했지만 스키점프 경기는 관람하지 않았다.
ㄷ. 정아는 스피드 스케이팅 경기만 관람했다.
ㄹ. 정보에서 언급된 세 경기 중 아무 것도 관람하지 않은 사람이 있다.

① ㄱ, ㄷ
② ㄱ, ㄹ
③ ㄴ, ㄷ
④ ㄴ, ㄹ
⑤ ㄷ, ㄹ

Public Service Aptitude Test

제4장

범위와 순서

1. 구획 나누기
2. 순서 배치하기
3. 범위 설정하기

01 구획 나누기
PSAT 논리퀴즈와 상황퍼즐

 다음 포유동물에 대한 진술이 모두 참이라고 가정하자. 꼬리가 없는 포유동물 A에 관한 설명 중 반드시 참인 것은? [06행14]

> ○ 모든 포유동물은 물과 육지 중 한 곳에서만 산다.
> ○ 물에 살면서 육식을 하지 않는 포유동물은 다리가 없다.
> ○ 육지에 살면서 육식을 하는 포유동물은 모두 다리가 있다.
> ○ 육지에 살면서 육식을 하지 않는 포유동물은 모두 털이 없다.
> ○ 육식동물은 모두 꼬리가 있다.

① A는 털이 있다.
② A는 다리가 없다.
③ 만약 A가 물에 산다면, A는 다리가 있다.
④ 만약 A가 털이 있다면, A는 다리가 없다.
⑤ 만약 A가 육지에 산다면, A는 다리가 있다.

시험장 풀이법

모든 포유동물은 물과 육지 중 한 곳에서만 산다는 첫 번째 조건에서 물과 육지라는 기준 축이 하나 나온다. 그리고 두 번째 조건부터 마지막 조건까지 계속 반복되는 조건이 육식에 대한 것이다. 따라서 육식을 하는지 하지 않는지에 따라 또 하나의 구획이 나뉘게 된다. 두 개의 대칭축이 정해졌으면 지문에 나타난 진술의 내용을 각 칸에 정리해 주면 된다. 그럼 다음과 같은 표가 완성될 것이다.

	물	육지
육식 ○	꼬리 ○	다리 ○, 꼬리 ○
육식 ×	다리 ×	털 ×

문제에서 요구하는 것은 A에 대한 판단이다. A에 대한 정보는 문제에서 꼬리가 없는 포유동물이라고 설명하고 있다. 육식동물은 꼬리가 있다고 했으므로 A는 육식을 하지 않는 동물이 된다. 정리해 놓은 표의 아래 줄에 해당하는 것이다. 이를 바탕으로 선택지를 판별하면 다음과 같다.

① A는 털이 있다. / ② A는 다리가 없다.
⇒ A가 물에 살 경우 다리가 없고, 육지에 살 경우 털이 없다는 것만 확실할 뿐 무조건 털이 있다, 다리가 없다고 보는 것은 옳지 않다.

③ 만약 A가 물에 산다면, A는 다리가 있다.
⇒ A는 육식동물이 아니기 때문에 A가 물에 살 경우 A는 다리가 없다.

④ 만약 A가 털이 있다면, A는 다리가 없다.
⇒ 육식을 하지 않는 A가 털이 있다는 것은 결국 물에 산다는 것을 의미한다. 따라서 A는 다리가 없다.

⑤ 만약 A가 육지에 산다면, A는 다리가 있다.
⇒ A가 육지에 산다면 A는 털이 없다는 사실만 알 수 있을 뿐 다리가 있는지는 알 수 없다.

정답 ④

 **예제25** 다음 글의 내용이 참이라고 할 때 반드시 참인 것은? [10우11]

바이러스의 감염방식은 두 가지인데 바이러스는 그 둘 중 하나의 감염방식으로 감염된다. 첫 번째 감염방식은 뮤-파지 방식이라고 불리는 것이고, 다른 하나는 람다-파지라고 불리는 방식이다. 바이러스 감염 경로는 다양하다. 가령 뮤-파지 방식에 의해 감염되는 바이러스는 주로 호흡기와 표피에 감염되지만 중추신경계에는 감염되지 않는다. 반면 람다-파지 방식으로 감염되는 바이러스는 주로 중추신경계에 감염되지만 호흡기와 표피에 감염되는 종류도 있다.

바이러스의 형태는 핵산을 둘러싸고 있는 캡시드의 모양으로 구별하는데 이 형태들 중에서 많이 발견되는 것이 나선형, 원통형, 이십면체형이다. 나선형 바이러스는 모두 뮤-파지 방식으로 감염되고, 원통형 바이러스는 모두 람다-파지 방식으로 감염된다. 그러나 이십면체형 바이러스는 때로는 뮤-파지 방식으로, 때로는 람다-파지 방식으로 감염된다. 작년 가을 유행했던 바이러스 X는 이십면체형이 아닌 것으로 밝혀졌고, 람다-파지 방식으로 감염되었다. 올해 기승을 부리면서 우리를 위협하고 있는 바이러스 Y는 바이러스 X의 변종인데 그 형태와 감염방식은 X와 동일하다.

① 바이러스 X는 원통형이다.
② 바이러스 X는 호흡기에 감염되지 않는다.
③ 바이러스 Y는 호흡기에 감염된다.
④ 바이러스 Y는 나선형이 아니다.
⑤ 나선형이면서 중추신경계에 감염되는 바이러스가 있다.

시험장 풀이법

주어진 조건대로 구획을 나눠보면 다음과 같다.

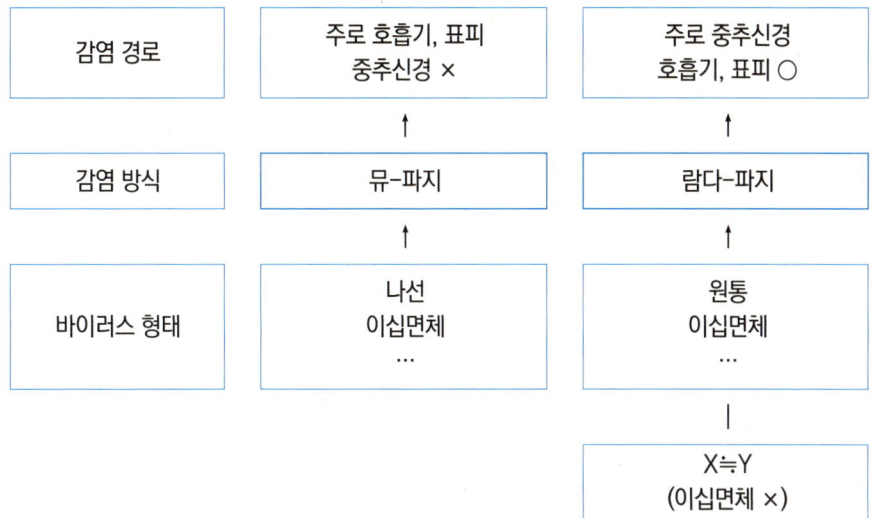

위의 표를 바탕으로 선택지를 판별해 보자.

① 바이러스 X는 원통형이다.
⇒ 바이러스 X는 람다-파지 방식으로 감염되고 이십면체형은 아니므로 원통형이라고 판단하기 쉽다. 그러나 나선형, 원통형, 이십면체형은 바이러스 형태 중 많이 발견되는 것들일 뿐 그것이 모두 다인 것은 아니다. 따라서 바이러스 X가 이십면체형이 아니라고 원통형이라 확정할 수는 없다.

② 바이러스 X는 호흡기에 감염되지 않는다. / ③ 바이러스 Y는 호흡기에 감염된다.
⇒ 바이러스 X는 람다-파지 방식으로 감염되므로 주로 중추신경에 의해 감염되겠지만 람다-파지 방식으로 감염되는 바이러스 중에는 분명 호흡기와 표피에 감염되는 종류도 있으므로 바이러스 X는 호흡기에 감염되지 않는다거나 혹은 호흡기에 감염된다고 확정적으로 말할 수 없다.

④ 바이러스 Y는 나선형이 아니다.
⇒ 바이러스 Y는 바이러스 X와 그 형태 및 감염방식이 동일하기 때문에 람다-파지 방식으로 감염되고, 그렇다면 나선형이 아닌 것은 확실하다.

⑤ 나선형이면서 중추신경계에 감염되는 바이러스가 있다.
⇒ 나선형은 모두 뮤-파지 방식으로 감염되고 뮤-파지 방식은 중추신경계에는 감염되지 않으므로 나선형이면서 중추신경계에 감염되는 바이러스가 있다는 것은 옳지 않다.

POINT

④ 정답

02 순서 배치하기

PSAT 논리퀴즈와 상황퍼즐

 다음 조건에 따라 A, B, C, D, E, F, G 일곱 도시를 인구 순위대로 빠짐없이 배열하려고 한다. 추가로 필요한 정보는? [11민09]

○ 인구가 같은 도시는 없다.
○ C시의 인구는 D시의 인구보다 적다.
○ F시의 인구는 G시의 인구보다 적다.
○ C시와 F시는 인구 순위에서 바로 인접해 있다.
○ B시의 인구가 가장 많고, E시의 인구가 가장 적다.
○ C시의 인구는 A시의 인구와 F시의 인구를 합친 것보다 많다.

① A시의 인구가 F시의 인구보다 많다.
② C시와 D시는 인구 순위에서 바로 인접해 있다.
③ C시의 인구는 G시의 인구보다 적다.
④ D시의 인구는 F시의 인구보다 많고 B시의 인구보다 적다.
⑤ G시의 인구가 A시의 인구보다 많다.

시험장 풀이법

주어진 정보를 간단히 기호화 하는 것이 정보를 좀 더 쉽게 정리할 수 있는 방법이다.

1) C시의 인구는 D시의 인구보다 적다. ⇒ D > C

2) F시의 인구는 G시의 인구보다 적다. ⇒ G > F

3) C시와 F시는 인구 순위에서 바로 인접해 있다. ⇒ CF / FC

4) B시의 인구가 가장 많고, E시의 인구가 가장 적다. ⇒ B:1위 E:7위

5) C시의 인구는 A시의 인구와 F시의 인구를 합친 것보다 많다. ⇒ C > A+F

정보를 간단히 기호화한 후에는 각각의 정보를 연결하고, 확정적인 정보를 표시하자.

1. 1) + 5)를 연결하면 다음과 같다.
   ⇒ D > C > A+F
   ⇒ 이로 인해 3)이 CF로 확정된다.

2. 2)에 의해 (G...CF)의 블록이 형성된다.
   이를 1), 5)와 연결시키면 CF 앞에는 D와 G가 들어갈 자리가 필요하고 뒤에는 A가 들어갈 자리가 필요하다.

3. 지금까지 나온 정보를 순위표에 채워 넣으면 다음과 같다.

1	2	3	4	5	6	7
B	D	G	C	F	A	E
B	G	D	C	F	A	E

4. 2위와 3위의 자리가 결정되면 되므로 선택지에서 이를 확정지을 수 있는 정보를 찾는다. ⇒ ② C시와 D시는 인구 순위에서 바로 인접해 있다.

5. 확정된 순위는 다음과 같다.

1	2	3	4	5	6	7
B	G	D	C	F	A	E

모처럼 서류를 정리하려고 했던 회사원 P 씨는 지금 꽤 난처해하고 있다. 지난달 체결한 7건의 계약에 대한 자료들을 시간 순서로 정리하려고 하는 중이었는데, 그만 커피를 엎질러 자료들에 잉크가 번져서 계약이 이루어진 날짜가 지워졌기 때문이다. P 씨는 기억을 더듬고, 잉크가 번지지 않은 자료에 있는 단서들을 근거로 7개의 회사(A, B, C, D, E, F, G)와 맺은 계약이 어떤 순서로 맺어진 것인지 정리하려고 한다. 그가 지금까지 모은 정보는 다음과 같다. (단, 위 7건의 계약 이외에 지난달에 체결한 계약은 없는 것으로 간주한다.)   [04외11]

○ B와의 계약이 F와의 계약에 선행한다.
○ G와의 계약은 D와의 계약보다 먼저 이루어졌는데, E와의 계약, F와의 계약보다는 나중에 이루어졌다.
○ B와의 계약이 지난달 가장 먼저 맺어진 계약은 아니다.
○ D와의 계약은 A와의 계약보다 먼저 이루어졌다.
○ C와의 계약은 G와의 계약보다 나중에 이루어졌다.

"이 정보만으로 각각의 계약이 어느 순서로 이루어졌는지 알 수가 없군……" P 씨는 고민에 빠졌다. 하지만 번지다가 만 종이에서 발견한 단서로 그는 이 7건의 계약의 순서를 정확하게 배열할 수 있게 되었다. 다음 중에 이 결정적인 단서가 될 수 있는 정보는?

① E와의 계약은 B와의 계약에 선행한다.
② B와의 계약은 G와의 계약에 선행한다.
③ C와의 계약이 가장 나중에 이루어지지는 않았다.
④ D와의 계약은 A와의 계약과 인접하여 이루어지지는 않았다.
⑤ F와의 계약은 D와의 계약과 인접하여 이루어지지는 않았다.

시험장 풀이법

주어진 조건을 간단히 정리하면 다음과 같다.

1) B - F
2) E - G - D
   F - G - D
3) B 맨 처음 아님
4) D - A
5) G - C

이를 바탕으로 가능한 순서를 잡으면 다음과 같다.

		E				D	-	A
B	-	F	-	G	-	C		

3)에 의해 E가 맨 앞에 배치된다. 그러나 C의 위치가 확정되지 않는다. 따라서 계약 순서를 확정적으로 배열할 수 있는 단서는 C의 위치를 확정하는 것이어야 한다. 선택지 ④에서처럼 D와 A의 계약이 인접해서 이루어지지 않았다는 단서가 있으면 C의 위치가 D와 A 사이로 확정이 된다. 이에 따라 계약 순서를 정리하면 다음과 같다.

1	2	3	4	5	6	7
E	B	F	G	D	C	A

03 범위 설정하기
PSAT 논리퀴즈와 상황퍼즐

 최근 한 동물연구소에서 기존의 동물 분류 체계를 대체할 새로운 분류군과 분류의 기준을 마련하여 발표하였다. 〈발표 내용〉을 토대로 판단할 때 반드시 거짓인 진술은? [07행28]

1. 이 분류 체계는 다음과 같은 세 가지 분류의 기준을 적용한다.
(가) 날 수 있는 동물인가, 그렇지 않은가? (날 수 있는가의 여부는 정상적인 능력을 갖춘 성체를 기준으로 한다.)
(나) 벌레를 먹고 사는가, 그렇지 않은가?
(다) 장(腸) 안에 프리모넬라가 서식하는가? (이 경우 '프리모'라 부른다.) 아니면 세콘데렐라가 서식하는가? (이 경우 '세콘도'라 부른다.) 둘 중 어느 것도 서식하지 않는가? (이 경우 '눌로'라고 부른다.) 혹은 둘 다 서식하는가? (이 경우 '옴니오'라고 부른다.)
2. 벌레를 먹고 사는 동물의 장 안에 세콘데렐라는 도저히 살 수가 없다.
3. 날 수 있는 동물은 예외 없이 벌레를 먹고 산다. 그러나 그 역은 성립하지 않는다.
4. 벌레를 먹지 않는 동물 가운데 눌로에 속하는 것은 없다.

① 날 수 있는 동물 가운데는 세콘도가 없다.
② 동고비새는 날 수 있는 동물이므로 옴니오에 속한다.
③ 벌쥐가 만일 날 수 있는 동물이라면 그것은 프리모이다.
④ 플라나리아는 날지 못하고 벌레를 먹지도 않으므로 세콘도이다.
⑤ 벌레를 먹는 동물 중에 날지 못하는 것이 적어도 한 종류는 있다.

시험장 풀이법

주어진 지문에서 필요한 문장을 기호화하면 다음과 같다.

2. 벌레를 먹고 사는 동물의 장 안에 세콘데렐라는 도저히 살 수가 없다.
⇒ 벌레 → ~세콘데렐라
그런데 ~세콘데렐라 라는 것은 프리모와 세콘도가 둘 다 서식하는 옴니오도 아니라는 뜻이 되므로 다시 다음과 같이 기호화할 수 있다.
⇒ 벌레 → (~세콘도 & ~옴니오)

3. 날 수 있는 동물은 예외 없이 벌레를 먹고 산다. 그러나 그 역은 성립하지 않는다.
⇒ 날 수 → 벌레

4. 벌레를 먹지 않는 동물 가운데 눌로에 속하는 것은 없다.
⇒ ~벌레 → ~눌로
그런데 눌로의 개념상 ~눌로 라는 것은 프리모도 세콘도도 옴니오도 서식하지 않는다는 의미이므로 다시 다음과 같이 기호화할 수 있다.
⇒ ~벌레 → (프리모 or 세콘도 or 옴니오)

이 문제의 조건에서 중요한 부분은 위의 3 이다. 날 수 있는 동물은 예외 없이 벌레를 먹고 살지만 그 역은 성립하지 않는다는 것은 벌레가 필요조건이 된다는 의미이기 때문에 범위가 확실히 설정된다. 범위 설정이 되는 조건은 아래와 같이 벤다이어그램을 이용해도 좋다.

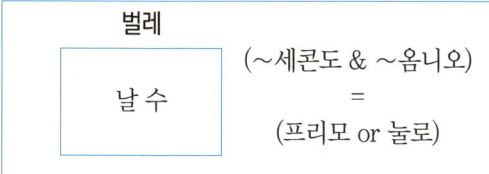

이를 바탕으로 선택지를 판별하면 다음과 같다.

① 날 수 있는 동물 가운데는 세콘도가 없다.
⇒ 위의 벤다이어그램에서 알 수 있듯이 날 수 있는 동물은 벌레를 먹고 사는 동물에 속하므로 세콘도는 있을 수 없다.

② 동고비새는 날 수 있는 동물이므로 옴니오에 속한다.
⇒ 날 수 있는 동물에는 옴니오가 속할 수 없다. 따라서 반드시 거짓이다.

③ 벌쥐가 만일 날 수 있는 동물이라면 그것은 프리모이다.
⇒ 날 수 있는 동물은 프리모일 수도 있고 눌로일 수도 있다. 따라서 프리모라고 단정 짓는 것은 알 수 없는 선지가 된다.

④ 플라나리아는 날지 못하고 벌레를 먹지도 않으므로 세콘도이다.
⇒ 날지 못하고 벌레를 먹지도 않는다면 프리모이거나 세콘도이거나 옴니오이거나 셋 중 하나이다. 따라서 세콘도라고 단정 짓는 것은 알 수 없는 선지가 된다.

⑤ 벌레를 먹는 동물 중에 날지 못하는 것이 적어도 한 종류는 있다.
⇒ 3번 조건에서 '그 역은 성립하지 않는다.'는 표현으로 인해 범위설정이 위 벤다이어그램과 같이 나오기 때문에 벌레를 먹는 동물 중에 날지 못하는 것이 적어도 한 종류는 있다는 것은 알 수 없는 것이 아니라 반드시 참이 된다.

POINT

정답 ②

예제29 ▶ 다음의 (가)~(다)가 참이라고 할 때 반드시 참이 되는 것은? [05견29]

> (가) A종 공룡은 모두 가장 큰 B종 공룡보다 크다.
> (나) 일부의 C종 공룡은 가장 큰 B종 공룡보다 작다.
> (다) B종 공룡은 모두 가장 큰 D종 공룡보다 크다.

① 가장 작은 A종 공룡만한 D종 공룡이 있다.
② 어떤 A종 공룡은 가장 큰 C종 공룡보다 작다.
③ 가장 작은 C종 공룡만한 D종 공룡이 있다.
④ 어떤 C종 공룡은 가장 큰 D종 공룡보다 작다.
⑤ 어떤 C종 공룡은 가장 작은 A종 공룡보다 작다.

시험장 풀이법

지문에 주어진 정보는 A~D 공룡의 크기 비교이다. 그런데 주어진 세 개의 정보를 토대로 5개의 선지에 제시된 공룡들 간의 크기를 비교해야 한다. 이 경우 각 공룡의 크기가 해당하는 영역을 수직선상에 표시해 주면 주어지지 않은 공룡 간에도 쉽게 크기 비교를 할 수 있다.

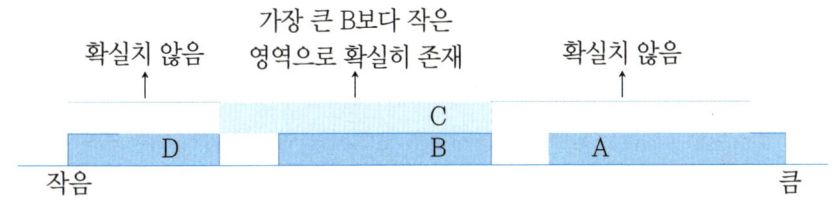

위에서 보듯이 C의 영역이 확실히 결정되지 않지만, C가 가장 큰 B보다 작은 영역이 있다는 것은 확실하다. 이를 바탕으로 선택지를 분석하면 다음과 같다.

① 가장 작은 A종 공룡만한 D종 공룡이 있다.
→ D는 모두 B보다 작으므로 반드시 거짓이다.

② 어떤 A종 공룡은 가장 큰 C종 공룡보다 작다.
→ 가장 큰 C종 공룡의 크기를 알 수 없으므로 알 수 없다.

③ 가장 작은 C종 공룡만한 D종 공룡이 있다.
→ 가장 작은 C종 공룡의 크기를 알 수 없으므로 알 수 없다.

④ 어떤 C종 공룡은 가장 큰 D종 공룡보다 작다.
→ C종 공룡이 D종 공룡과 어느 정도 영역이 겹치는지 파악할 수 없으므로 알 수 없다.

⑤ 어떤 C종 공룡은 가장 작은 A종 공룡보다 작다.
→ B보다 작은 C종 공룡이 존재하는 것은 확실하므로 반드시 참이다.

실 전 문 제

 A병원의 외과 신입 레지던트에 대한 과(科) 배정 결과가 공개되었다. 다음 공고문에 대한 〈보기〉의 갑~정의 견해 중 반드시 참이라고는 할 수 없는 것을 모두 고르면?

| 공고문 |

외과 신입 레지던트들이 희망하는 전공과 효율적인 인적 자원 분배를 고려한 새로운 레지던트 배치 원칙과 그에 따른 배정 결과를 공고합니다. 근무 초기에 전공이 결정되어 타 전공에 대한 실무지식이 떨어지는 현상을 막기 위해 복수 근무제를 시행하였고, 이에 따라 두 과 이상에서 복수 근무를 하는 레지던트도 있을 수 있습니다. 흉부외과에 배정된 레지던트는 모두 외상외과에도 근무를 해야 합니다. 특히 일부 레지던트의 경우는 흉부외과와 신경외과에 복수 배정을 결정했습니다. 다만 외상외과와 정형외과만큼은 동시에 근무하는 경우가 없을 것입니다. 두 과의 특성상 수술 분야가 중복될 수 있기 때문입니다. 복수 근무를 하게 되는 레지던트에게는 원활한 업무 진행을 위해 새 근무 원칙이 적용될 것입니다.

| 보 기 |

갑 : 외상외과와 신경외과 모두에 배정된 레지던트는 흉부외과에도 배정되게 되는 거군요.
을 : 세 과에 배정받은 레지던트는 없겠군요.
병 : 신경외과와 정형외과 양쪽에 배정받은 레지던트는 흉부외과에는 배정을 받을 수가 없겠군요.

① 갑
② 을
③ 갑, 을
④ 갑, 병
⑤ 을, 병

 H학원의 상담 실장인 갑은 월요일부터 토요일까지 매일 한 명씩 수험생을 상담하기로 하였다. 상담을 신청한 수험생은 A, B, C, D, E, F 6명이고, 다음에 제시된 조건에 따라 스케줄을 잡기로 하였다. 6명 모두 상담해야 한다고 할 때, 가능한 상담 스케줄은 몇 가지인가?

- F보다 A를 먼저 상담해야 한다.
- B는 목요일에 상담해야 한다.
- D를 상담한 날 바로 전날 또는 바로 다음날에 C를 상담해야 한다.
- E를 화요일에 상담해서는 안 된다.
- C는 토요일에 상담하기로 확정되었다.

① 1가지
② 2가지
③ 3가지
④ 4가지
⑤ 5가지

다음 글을 토대로 판단할 때, 〈보기〉의 진술 중 반드시 참인 것을 모두 고르면?

A 문화상품권으로는 영화를 관람하거나 도서를 구입할 수 있다. A 문화상품권 소지자 중 쇼핑을 좋아하는 사람은 모두 A 문화상품권으로 영화를 관람한다. 영화관에는 다양한 쇼핑 시설이 함께 갖추어져 있기 때문이다. A 문화상품권으로 도서를 구입하는 사람만 우리나라 문화산업이 발전하고 있다고 생각한다. 우리나라 문화산업이 발전하고 있다고 생각하는 사람 중에서 A 문화상품권으로 영화를 관람하는 사람은 없다. A 문화상품권으로 도서를 구입하는 사람 중에서 쇼핑을 좋아하는 사람이 있다.

| 보 기 |

ㄱ. 우리나라 문화산업이 발전하고 있다고 생각하는 사람은 쇼핑을 좋아하지 않는다.
ㄴ. A 문화상품권으로는 영화 관람과 도서 구입을 모두 하는 사람이 있다.
ㄷ. A 문화상품권으로 도서를 구입하지 않으면서 쇼핑을 좋아하는 사람이 있다.

① ㄱ
② ㄴ
③ ㄱ, ㄴ
④ ㄴ, ㄷ
⑤ ㄱ, ㄴ, ㄷ

실전20 다음 글의 내용이 참이라고 할 때, 반드시 참인 것은?

갑순이는 태어날 때부터 심장이 약한 선천적 심장 판막 증후군을 앓고 있다. 서너 번의 판막 수술을 받았지만 더 이상 판막 수술만으로 판막의 기능을 재생할 수 없는 지경에 이르렀다. 현재 상황에서 그녀가 생명을 유지하기 위해서는 두 가지 방법만이 존재하는데, 첫째는 심장이식 수술을 받는 것이고, 두 번째는 인공심장을 이식하는 것이다. 심장이식 수술을 받으려면 이식 대기자 명단에 이름을 등록해야 하지만, 심장은 수요자에 비해 공급자가 턱없이 부족한 실정이라 이식 대기자 명단에 이름을 올려 심장을 이식받는 것은 갑순이에게 현실적으로 불가능하다. 따라서 갑순이는 인공심장을 이식하는 방법밖에 없다.

인공심장을 이식하는 방법에는 여러 가지가 있으나 가장 많이 사용되는 것은 두 가지이다. 하나는 인공판막을 이식하는 것이고, 다른 하나는 인공심장 자체를 체내에 삽입하는 것이다. 인공판막을 이식하면 자기의 원래 심장은 그대로 유지되기 때문에 큰 부작용은 없으나, 인공판막 자체가 반영구적인 것이 아닌 소모품이기 때문에 적어도 5년에 한 번씩은 새로운 인공판막을 이식해야 한다. 인공심장 자체를 체내에 삽입하면 한 번의 성공적인 수술만으로 더 이상의 수술은 하지 않아도 된다. 그리고 인공심장 자체를 체내에 삽입하는 경우에만 갑순이는 외부활동을 자유자재로 할 수 있다.

갑순이가 인공심장 자체를 체내에 삽입하기 위해서는 다음 요건을 반드시 지켜야 한다. 우선 갑순이는 평생동안 혈액응고 방지제인 와파린을 복용해야 한다. 인공심장의 경우 혈액이 응고되면 심각한 고장을 일으킬 수 있게 때문이다. 또한 이와 더불어 체중을 60kg 이하로 유지해야 한다. 여성의 경우 체중이 60kg을 초과하면 인공심장에 무리가 가기 때문이다.

① 갑순이가 심장이식 수술을 받기 위해서는 체중을 60kg 이하로 유지해야 한다.
② 갑순이가 인공판막을 이식하지 않는다면, 인공심장 자체를 체내에 삽입해야 한다.
③ 갑순이가 평생동안 혈액응고 방지제인 와파린을 먹지 않는다면 외부활동을 자유자재로 할 수 없다.
④ 갑순이가 인공심장 자체를 체내에 삽입하지 않는다면 갑순이는 인공심장 이식을 통해 생존할 수 없다.
⑤ 갑순이가 임공심장을 이식할 경우 5년에 한 번씩은 새로운 수술을 받아야 한다.

PART II

상황퍼즐

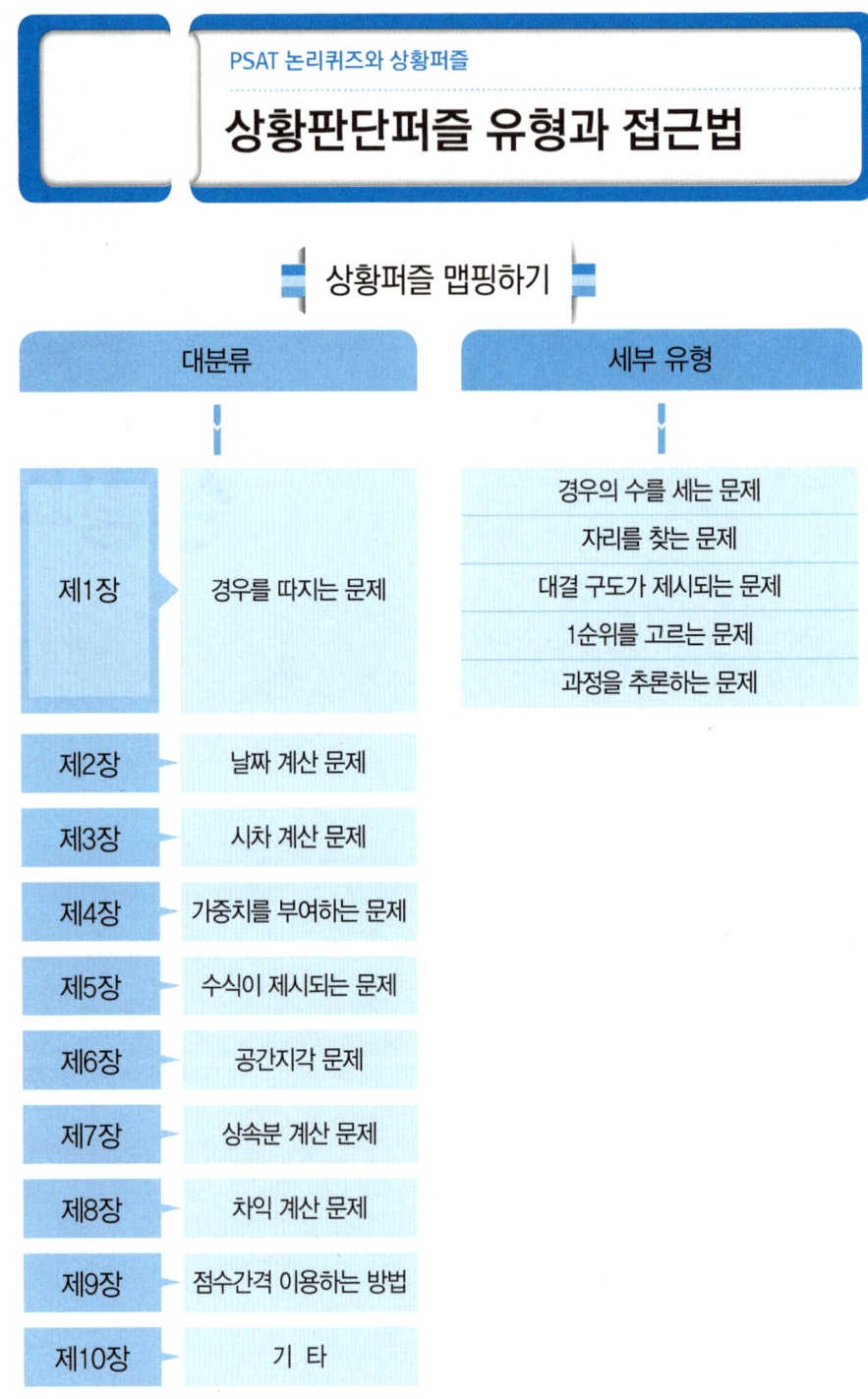

제1장 경우를 따지는 문제

기본적으로 언어논리 영역에서의 논리 퀴즈 유형과 유사하다. 따라서 거기서와 동일하게 접근하더라도 무방하다. 즉, 문제의 구조상 드러나는 모순 관계를 이용할 수 있다면 그것을 해결의 실마리로 활용하여야 한다. 그것으로 해결이 되지 않는다면 가능한 '경우의 조합'을 신속하게 찾아야 한다. 물론 아래에서 제시하는 것처럼 세부 유형을 여러 가지로 나열할 수 있지만, 접근 방법이 서로 별개라고 볼 수는 없다.

1. 경우의 수를 세는 문제
2. 자리를 찾는 문제
3. 대결 구도가 제시되는 문제
4. 1순위를 고르는 문제
5. 과정을 추론하는 문제

제2장 날짜 계산하는 문제

날짜를 계산하는 문제는 매우 다양한 형태를 보인다. 그리고 가가이 문제에서 묻고자 하는 관점도 제각각이다. 따라서 날짜 계산을 소재로 하는 문제라고 하여 일률적인 방법론을 제시할 수는 없다.

다만 본 항목에서는 요일이나 연도를 세어나가는 기초적인 방법론을 바탕으로 한 문제만을 모아놓았다. 따라서 일정한 토대만 마련해 놓는다면 그것을 활용하여 일련의 문제를 해결할 수 있을 것이다. 기본이 되는 것은, 1주일이 7일이지만 한 달이나 한 해는 그 일수(日數)가 7의 배수가 안 된다는 점이다.

제3장 시차 계산 문제

우리 나라는 전국에서 같은 시간대를 사용하기 때문에 시차를 계산할 일이 없고, 그러다 보니 한국 사람들은 시차 계산에 익숙하지 않다. 시차 계산 문제가 나올 때 우리의 사고가 원활하지 않은 것은 어찌 보면 당연한 일이다. 문제가 나오는 빈도가 낮아 기출 문제가 적기 때문에, 관심을 가지고 계산 능력을 향상시키려 해도 그것이 쉽지가 않다.

하지만 세계적인 교류가 점점 더 많아지는 시대임을 고려할 때, 시차 계산이나 이와 관련된, 혹은 이를 응용한 문제가 앞으로도 나올 것이라 예상해 볼 수 있다. 따라서 몇 가지 예제를 통해서 대비를 해둘 필요가 있다.

풀이 과정에서 헷갈릴 소지가 다분하지만, 여러 장소 중에서 한 곳을 기준으로 계산하여 시차만큼을 더하고 빼주는 방식으로 접근하면 실수를 줄일 수 있다. 우선은 시차가 발생하는 원리부터 이해할 필요가 있다.

제4장 가중치를 부여하는 문제

문제 중에는 계산 결과로 도출되는 총점을 기준으로 순위를 판별하기를 요구하는 것들이 상당수 존재한다. 그런데 이렇게 총점을 계산할 것을 요구하는 문제의 대부분이, 사실은 총점을 구하지 않고도 해결이 가능하다. 그 중에서도 가중치를 서로 다르게 책정하고서 그로부터 점수의 대소(大小)를 비교하도록 하는 경우에는, 그 가중치만 잘 이해하면 쉽게 정답을 찾을 수 있다.

제5장 수식이 제시되는 문제

복잡한 수식이 제시된다고 해서 그 수식에 여러 값을 대입하여 일일이 결과물을 도출하여야 하는 것은 아니다. 물론 대입이 문제를 해결해줄 수는 있지만 한없이 지나가는 시간을 생각할 때 결코 바람직하지 않은 방법이다.

수식을 보면 그 수식을 어떻게 이용할지를 고민하는 것이 좋다. 처음에는 분명 연습이 필요하겠지만, 실전에서 이와 같은 문제를 만났을 때 당황하지 않고 출제 의도에 맞게 해결을 해낸다면 그러한 노력이 결코 아깝지 않을 것이다.

제6장 공간지각 문제

그림을 활용한, 혹은 그림을 그려서 해결하여야 하는 문제들도 있다. 이런 문제들은 약간의 기발한 생각을 동원하거나 학창 시절에 도형에 관하여 익혔던 약간의 요소들을 도입함으로써 풀어낼 수 있다. 일부 책에서는 피타고라스의 정리 등을 언급하고 있어서, 수험생 입장에서는 언뜻 이러한 배경 지식을 쌓아야 한다고 생각할 수도 있다.

그러나 PSAT는 절대 그러한 시험이 아니다. 물론 출제자와 응시자의 눈높이가 약간 차이나는 경우가 있을 수 있지만, 그렇다 하더라도 그것은 단순히 지식의 문제가 아니다. 어떤 문제든 어렵게 혹은 복잡하게 생각할수록 해결의 실마리는 잘 보이지 않는다. 따라서 최대한 단순하게 접근하는 것이 좋다.

제7장 상속분 계산 문제

상속분을 계산하는 문제는 민법에서 매우 오래 전부터 정형화(定形化)한 유형으로서, 상황판단 영역에서도 몇 번 나온 바 있다. 그러나 5급 공채에서는 아직 출제되지 않았기 때문에, 몇 년 안에 반드시 등장할 것이라 예상된다. 상속과 관련한 현행법상의 특징을 숙지한다면 시험장에서 수월하게 해결할 수 있을 것이다.

제8장 차익(差益) 계산 문제

물건을 자유롭게 사고 팔 수 있을 때 물건의 가격이 변화한다면, 그 가격 차이를 이용하여 이익을 남기거나 손해를 볼 수 있다. 이렇게 가격 차이로 인한 이익(또는 손해)를 차익이라고 하는데, 특히 외환 시상이나 선물(先物) 시장에서 이러한 개념이 잘 활용된다. 시차를 계산할 때처럼 누구의 기준 또는 시각에서 바라보느냐에 따라 표현이 달라질 수 있고, 이 때문에 많은 경우 혼란스러워진다. 따라서 특정한 주체의 입장에서 이것이 사는 것인지 파는 것인지, 이익이 되는지 손해가 나는지, 더 나아가 이러한 분석을 통하여 합리적 경제주체라면 어떻게 행동하는 것이 바람직한지 등을 생각해 보는 것이 좋겠다.

제9장 점수 간격을 이용하는 방법

여기서 소개하는 것은 문제 자체에 대한 분류가 아니라, 요긴하게 활용될 수 있는 문제해결 방법이다. 획득한 점수를 추정하거나 점수 간 비교를 하여야 할 때, 만점을 기준으로 점수가 몇 점씩 차이 나는지를 활용할 수 있다. 이렇게 하면 총점 등 구체적인 점수를 계산하지 않고도 정답 도출이 가능하다.

제9장 기 타

어디 유형에도 포섭되지 않는 경우이다.

Public Service Aptitude Test

제1장

경우를 따지는 문제

1. 경우의 수를 세는 문제

2. 자리를 찾는 문제

3. 대결 구도가 제시되는 문제

4. 1순위를 고르는 문제

5. 과정을 추론하는 문제

01 경우의 수를 세는 문제

PSAT 논리퀴즈와 상황퍼즐

 다음 글을 근거로 판단할 때, 사자바둑기사단이 선발할 수 있는 출전선수 조합의 총 가짓수는?

[민16(5)10]

○ 사자바둑기사단과 호랑이바둑기사단이 바둑시합을 한다.
○ 시합은 일대일 대결로 총 3라운드로 진행되며, 한 명의 선수는 하나의 라운드에만 출전할 수 있다.
○ 호랑이바둑기사단은 1라운드에는 甲을, 2라운드에는 乙을, 3라운드에는 丙을 출전시킨다.
○ 사자바둑기사단은 각 라운드별로 이길 수 있는 확률이 0.6 이상이 되도록 7명의 선수(A~G) 중 3명을 선발한다.
○ A~G가 甲, 乙, 丙에 대하여 이길 수 있는 확률은 다음 〈표〉와 같다.

〈표〉

선수	甲	乙	丙
A	0.42	0.67	0.31
B	0.35	0.82	0.49
C	0.81	0.72	0.15
D	0.13	0.19	0.76
E	0.66	0.51	0.59
F	0.54	0.28	0.99
G	0.59	0.11	0.64

① 18가지
② 17가지
③ 16가지
④ 15가지
⑤ 14가지

시험장 풀이법

각 라운드별로 이길 수 있는 확률이 0.6 이상이 되도록 3명을 선발한다면, 甲을 C나 E가 대적하게 하고 乙은 A나 B나 C, 그리고 丙은 D나 F나 G가 대결하게 하여야 한다.

만약 甲의 상대로 E를 출전시킨다면 乙과 丙을 상대로 누구를 내보내든 관계가 없지만, 甲의 상대로 C를 출전시킬 경우에는 乙을 상대로 A나 B밖에는 선택할 수가 없기 때문에 경우의 수를 잘 따져야 한다.

甲의 상대로 E를 출전시킨다면, 乙을 상대로 세 가지 경우, 丙을 상대로 세 가지 경우가 가능하므로 총 9가지(= 3×3) 조합이 나온다. 甲을 상대로 C를 출전시킨다면 乙을 상대로 두 가지, 丙을 상대로 세 가지 경우가 가능하므로 총 6가지(= 2×3) 조합이 나온다. 따라서 총 15가지가 도출된다.

 다음 〈조건〉에 따라 만들 수 있는 꽃다발의 최대 가짓수는?   [외13인18]

| 조 건 |

○ 꽃다발을 만드는 데 5종류의 꽃(장미, 카네이션, 리시안셔스, 수국, 작약)과 2종류의 잎(유칼립투스, 루스쿠스)을 사용한다.
○ 꽃다발은 꽃과 잎을 5종류 이상 조합하여 만든다. 단, 작약을 넣은 경우에는 작약을 포함하여 꽃과 잎을 4종류만 사용한다.
○ 잎은 반드시 1종류 이상 포함시켜야 한다.
○ 수국과 작약은 동시에 포함될 수 없다.

※ 같은 종류의 꽃과 잎이 사용된 꽃다발은 사용된 꽃과 잎의 개수와 관계없이 동일한 꽃다발로 간주한다. 예를 들면 장미 한 송이로 만들어진 꽃다발과 장미 열 송이로 만들어진 꽃다발은 같은 것으로 간주한다.

① 15가지
② 16가지
③ 17가지
④ 18가지
⑤ 19가지

시험장 풀이법

우선 꽃다발은 꽃과 잎을 5종류 이상 조합하여 만든다고 한다. 이는 5종류, 6종류, 7종류가 모두 가능하다는 뜻임을 인지하여야 한다.

다음으로 작약을 넣은 경우에는 4종류만 사용한다고 한다. 따라서 작약이 들어가는 경우와 들어가지 않는 경우를 구분하여야 문제 풀이가 손쉬워진다.

먼저 작약을 넣는 경우의 수를 살펴본다.

작약을 넣고(1종류), 2종류의 잎 중에 하나를 넣고(1종류), 작약과 이미 쓰인 잎, 그리고 수국을 제외한 총 4종류의 꽃과 잎 중에서 두 개를 고른다(2종류). 이렇게 하면 총 4종류만으로 꽃다발을 만들 수 있다. 이 경우의 가짓수는 12가지($= 1 \times 2 \times \frac{4 \times 3}{2}$)다. 그런데 잎이 2종류 모두 포함되는 경우는 유칼립투스를 먼저 넣든 루스쿠스를 먼저 넣든 같은 꽃다발이 된다. 따라서 이 경우의 수를 하나로 계산해주어야 한다. 작약과 2종류의 잎이 모두 포함된 3가지 경우의 수가 두 번 세어진 셈이므로, 빼면 9가지가 도출된다.

작약을 넣지 않는 경우의 수는 다음과 같다.

2종류의 잎 중에 하나를 넣고(1종류), 작약과 이미 쓰인 잎을 제외한 5종류의 꽃과 잎 중에서 네 개를 고르면 5종류짜리 꽃다발이 되고, 다섯 개를 고르면 6종류짜리 꽃다발이 된다. 7종류짜리 꽃다발은 수국과 작약이 동시에 포함될 수 없다는 조건에 따라 불가능하다.

5종류짜리 꽃다발의 가짓수는 10가지($= 2 \times \frac{5 \times 4 \times 3 \times 2}{4 \times 3 \times 2 \times 1}$)가 되지만, 위에서 살핀 바와 같이 잎이 2종류 모두 포함되는 경우를 빼주어야 한다. 그 경우의 가짓수는 4가지($= 1 \times 1 \times \frac{4 \times 3 \times 2}{3 \times 2 \times 1}$)이므로, 결국 6가지가 도출된다.

마지막으로 6종류짜리 꽃다발은 작약을 제외한 모든 꽃과 잎을 포함시켜야 하므로, 1가지 경우의 수밖에 존재하지 않는다. 따라서 총 16가지가 된다.

02 자리를 찾는 문제

PSAT 논리퀴즈와 상황퍼즐

예제3 다음 〈조건〉을 따를 때, 5에 인접한 숫자를 모두 더한 값은? (단, 숫자가 인접한다는 것은 숫자가 쓰인 칸이 인접함을 의미한다) [민16(5)24]

| 조 건 |

- 1~10까지의 자연수를 모두 사용하여, 〈숫자판〉의 각 칸에 하나의 자연수를 쓴다. 단, 6과 7은 〈숫자판〉에 쓰여 있다.
- 1은 소수와만 인접한다.
- 2는 모든 홀수와 인접한다.
- 3에 인접한 숫자를 모두 더하면 16이 된다.
- 5는 가장 많은 짝수와 인접한다.
- 10은 어느 짝수와도 인접하지 않는다.

※ 소수 : 1과 자신만을 약수로 갖는 자연수

| 숫 자 판 |

① 22 ② 23
③ 24 ④ 25
⑤ 26

시험장 풀이법

먼저 2는 모든 홀수와 인접한다고 하는데, 이것은 1~10까지의 자연수 중 홀수, 즉 총 5개의 홀수와 모두 인접한다는 뜻이다. 따라서 2가 들어갈 칸은 총 5개 이상의 칸과 인접하여야 한다. 〈숫자판〉에 주어진 홀수 7과 인접하면서 5칸 이상과 인접하는 칸은 7의 오른쪽 아래 칸밖에 없다.

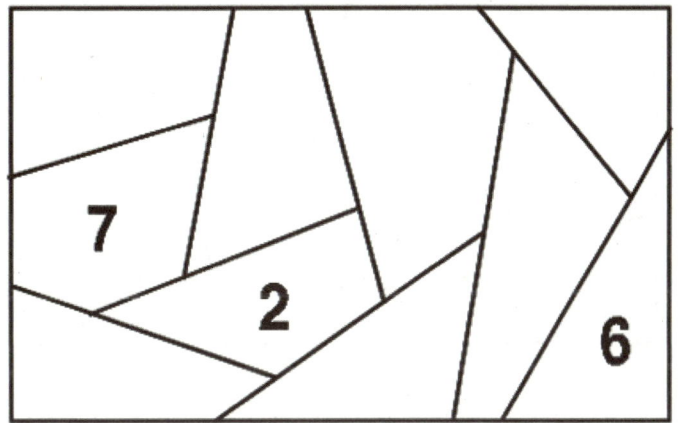

그렇다면 2를 둘러싼 칸은 모두 홀수이고 다른 칸은 짝수라는 뜻인데, 10은 어느 짝수와도 인접하지 않는다고 하므로 왼쪽 위 모서리 자리에 10이 들어감을 알 수 있다.

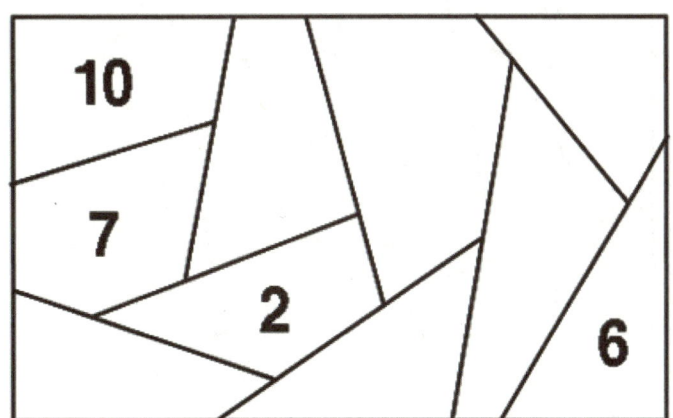

다음으로 1은 소수와만 인접한다고 하는데, 이는 모든 소수와 인접한다는 문장과 달리 1과 인접하는 칸에 소수만이 있어야 한다는 뜻이다. 10 이하의 소수는 2, 3, 5, 7의 네 가지뿐이다. 이미 2와 7이 주어져 있으므로, 그들과 인접하면서 4칸 미만의 칸과 인접하는 자리는 왼쪽 아래 모서리 칸임을 알 수 있다.

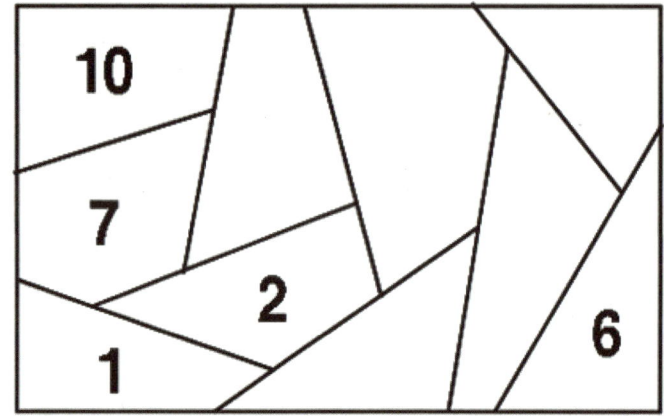

그리고 5는 가장 많은 짝수와 인접한다고 하는데, 짝수의 위치를 고려하면 2의 오른쪽 위의 자리가 5가 들어가야 할 칸이 된다.

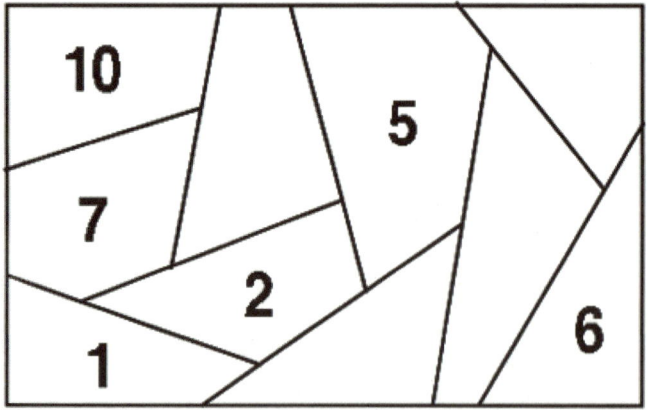

마지막으로 3에 인접한 숫자를 모두 더하면 16이 된다는 조건을 고려하면 다음과 같이 완성된다.

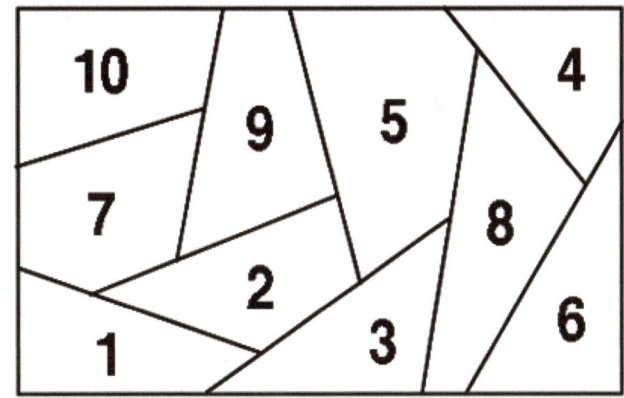

따라서 5에 인접한 숫자를 모두 더한 값은 26이다.

다음 〈그림〉의 F, G, H, I, J, K의 6개 도시들을 〈조건〉에 따라 색칠하려고 할 때 항상 옳은 것은?

[입16가36]

── ‖ 조 건 ‖ ──

○ F시, G시, I시, J시는 H시와 이웃하고 있다.
○ I시는 J시와 이웃하고 있다.
○ K시는 F시, G시와 이웃하고 있다.
○ I시와 K시는 같은 색깔이다.
○ 경계선을 따라 이웃하고 있는 도시들은 같은 색깔로 칠할 수 없다.

※ 변과 변이 접하는 것은 이웃하는 것이며, 점과 점 혹은 점과 변이 접하는 것은 이웃하는 것이 아니다. 예를 들어 다음 그림에서 3과 4는 이웃하나, 3과 6은 이웃하지 않는다.

〈그 림〉

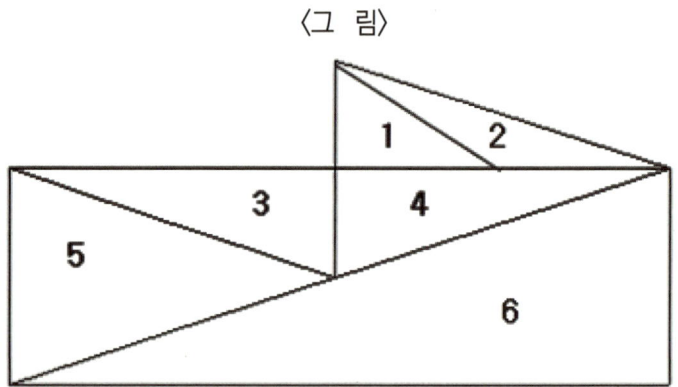

① F시와 J시는 같은 색깔이다.
② G시와 I시는 같은 색깔이다.
③ I시와 J시는 같은 색깔이다.
④ G시는 다른 어떤 도시와도 다른 색깔이다.
⑤ H시는 다른 어떤 도시와도 다른 색깔이다.

시험장 풀이법

H시가 다른 네 개의 도시와 이웃하고 있으려면, 해당 도시와 이웃하고 있는 도시의 개수가 네 개 이상이어야 한다. 이러한 조건을 만족하는 도시는 4밖에 없다.

마찬가지 논리로, K시가 F시, G시와 이웃하고 있으려면 H시로 확정된 4를 제외한 두 개 이상의 도시와 이웃하여야 한다. 그러한 도시는 5밖에 없다.

그렇다면 H시 및 K시와 모두 인접하는 도시가 F시와 G시이므로 이들이 3 또는 6이고, I시와 J시는 1 아니면 2다.

여기서 더 이상 각 도시의 위치를 확정할 수는 없다.

이러한 상황을 바탕으로 각 선택지를 본다. 선택지에서는 특정 도시와 다른 도시의 색깔이 같은지 아닌지, 그것도 발문(發文)을 고려하면 항상 그러한지를 묻고 있다. 그런데 문제에서는 색깔의 개수 등에 관한 제한이 전혀 없다. 따라서 I시와 K시의 색깔이 같기만 하면 될 뿐, 다른 도시는 모두 다른 색깔이 달라도 전혀 문제가 되지 않는 것이다. 결국 ①, ②, ③은 절대 정답이 될 수 없다.

H시의 경우 5를 제외한 모든 도시와 인접하므로 그들과는 모두 다른 색깔이어야 하고, 인접하는 도시인 I시와 K시의 색깔이 같은데 그 K시가 5에 위치한다. 따라서 H시는 다른 어떤 도시와도 다른 색깔로 칠할 수밖에 없는 것이다.

03 대결구도가 제시되는 문제

PSAT 논리퀴즈와 상황퍼즐

예제5 다음 글을 근거로 판단할 때, <보기>에서 옳은 것만을 모두 고르면 [민16(5)20]

甲과 乙이 '사냥게임'을 한다. 1, 2, 3, 4의 번호가 매겨진 4개의 칸이 아래와 같이 있다.

여기에 甲은 네 칸 중 괴물이 위치할 연속된 두 칸을 정하고, 乙은 네 칸 중 화살이 명중할 하나의 칸을 정한다. 甲과 乙은 동시에 자신들이 정한 칸을 말한다. 그 결과 화살이 괴물이 위치하는 칸에 명중하면 乙이 승리하고, 명중하지 않으면 甲이 승리한다.

예를 들면 甲이 1 2 , 또는 乙이 1 또는 2 를 선택한 경우 괴물이 화살에 맞은 것으로 간주하여 乙이 승리한다. 만약 甲이 1 2 , 乙이 3 또는 4 를 선택를 선택했다면 괴물이 화살을 피한 것으로 간주하여 甲이 승리한다.

| 보 기 |

ㄱ. 괴물이 위치할 칸을 甲이 무작위로 정할 경우 乙은 이 1 보다는 2 를 선택하는 것이 승리할 확률이 높다.

ㄴ. 화살이 명중할 칸을 乙이 무작위로 정할 경우 甲은 1 2 보다는 3 4 를 선택하는 것이 승리할 확률이 높다.

ㄷ. 이 게임에서 甲이 선택할 수 있는 대안은 3개이고 乙이 선택할 수 있는 대안은 4개이므로 乙이 이기는 경우의 수가 더 많다.

① ㄱ
② ㄴ
③ ㄷ
④ ㄱ, ㄴ
⑤ ㄱ, ㄷ

시험장 풀이법

ㄱ. (○) 괴물이 위치할 칸을 甲이 무작위로 정할 경우 乙은 이 ①보다는 ②를 선택하는 것이 승리할 확률이 높다.

→ 甲이 정할 수 있는 경우는 ①②, ②③, ③④의 세 가지밖에 없다. 따라서 가장자리에 있는 1이나 4보다는 2나 3이 선택될 확률이 높다. 따라서 乙의 입장에서는 ①보다 ②를 선택하는 것이 승리할 확률이 높다.

ㄴ. (×) 화살이 명중할 칸을 乙이 무작위로 정할 경우 甲은 ①②보다는 ③④를 선택하는 것이 승리할 확률이 높다.

→ 화살이 명중할 칸을 乙이 무작위로 정한다면, 4개의 칸이 선택될 확률은 동일하게 25%다. 그런데 甲은 연속된 칸을 정하여야 한다는 제약을 받을 뿐 두 칸을 선택하는 것은 어느 경우에나 마찬가지이므로, ②③을 선택하든 ③④를 선택하든 승리할 확률은 50%로 동일하다.

ㄷ. (×) 이 게임에서 甲이 선택할 수 있는 대안은 3개이고 乙이 선택할 수 있는 대안은 4개이므로 乙이 이기는 경우의 수가 더 많다.

→ 선택할 수 있는 대안이 많다고 하여 이기는 경우의 수가 더 많아진다는 보장은 없으며, 〈보기〉 ㄴ.에서 살핀 바와 같이 甲이 어떤 선택을 하든 승리할 확률은 정확히 50%다. 따라서 乙도 승리할 확률이 50%에 불과하고, 결국 乙이 이기는 경우의 수가 더 많지 않다.

정답 ①

다음 〈조건〉에 따라 A팀과 B팀이 왼손 팔씨름 시합을 한다. 첫 번째 경기 시작 전에 B팀에서는 A팀이 첫 번째 경기에 장사를 출전시킨다는 확실한 정보를 입수했다고 할 때, 옳은 것을 〈보기〉에서 모두 고르면? [12인10]

| 조 건 |

○ A팀과 B팀은 각각 장사 1명, 왼손잡이 1명, 오른손잡이 2명(총 4명)으로 구성되어 있다.
○ 한 사람당 한 경기에만 출전할 수 있으며, 총 네 번의 경기를 치러 승점의 합이 많은 팀이 우승을 차지한다. 이때 이길 경우 3점, 비길 경우 1점, 질 경우는 0점의 승점이 주어진다.
○ 양 팀은 첫 번째 경기 시작 전에 각 경기별 출전선수 명단을 심판에게 제출해야 하며, 제출한 선수명단은 바꿀 수 없다.
○ 각 팀에 속하는 팀원의 특징은 아래와 같다.
  ─ 장사: 왼손잡이, 오른손잡이 모두에게 이긴다.
  ─ 왼손잡이: 장사에게는 지고 오른손잡이에게는 이긴다.
  ─ 오른손잡이: 장사, 왼손잡이 모두에게 진다.
○ 누구든 같은 특징의 상대를 만나면 비긴다.

| 조 건 |

ㄱ. B팀도 첫 번째 경기에 장사를 출전시키면 최대 승점 5점을 얻을 수 있다.
ㄴ. B팀이 첫 번째 경기에 왼손잡이를 출전시키면 최대 승점 4점을 얻을 수 있다.
ㄷ. B팀이 첫 번째 경기에 오른손잡이를 출전시키면 최대 승점 7점을 얻을 수 있다.
ㄹ. A팀이 첫 번째 경기에 장사를 출전시키고 두 번째 경기에 왼손잡이를 출전시킨다는 확실한 정보를 B팀이 입수한다면, B팀은 우승할 수 있으며 이때의 승점은 7점이다.

① ㄱ, ㄷ
② ㄴ, ㄷ
③ ㄴ, ㄹ
④ ㄱ, ㄴ, ㄹ
⑤ ㄱ, ㄷ, ㄹ

시험장 풀이법

다음과 같이 A팀의 출전선수 명단을 예시할 수 있다.

경기팀 명	첫 번째	두 번째	세 번째	네 번째
A팀	장사	왼손잡이	오른손잡이	오른손잡이
B팀				

ㄱ.(○) B팀도 첫 번째 경기에 장사를 출전시키면 최대 승점 5점을 얻을 수 있다.
→ B팀도 첫 번째 경기에 장사를 출전시키면 첫 번째 경기가 무승부가 되어 1점을 얻을 수 있다. 이러한 상황에서 최대 승점이 얼마인지를 묻고 있는데, 승점은 이길 경우가 비길 경우의 3배에 달하므로 두 번 비기는 것보다 한 번 이기고 한 번 지는 것이 낫다는 결론을 도출할 수 있다. 따라서 세 번째나 네 번째 경기에 왼손잡이를 출전시킴으로써 1승을 확보하면 최대 승점을 기록할 수 있고, 1승 2무 1패로 5점을 받는다.

ㄴ.(×) B팀이 첫 번째 경기에 왼손잡이를 출전시키면 최대 승점 4점을 얻을 수 있다.
→ B팀이 첫 번째 경기에 왼손잡이를 출전시키면 첫 번째 경기에서 질 수밖에 없다. 그러한 상황에서 상대 왼손잡이를 상대로 장사가 출전하고 다른 두 경기에서 비기면 역시 5점을 받을 수 있다.

ㄷ.(○) B팀이 첫 번째 경기에 오른손잡이를 출전시키면 최대 승점 7점을 얻을 수 있다.
→ B팀이 왼손잡이를 상대로 장사를 출전시키면, 자연스레 왼손잡이가 오른손잡이를 상대하게 되면서 총 2승 1무 1패를 기록하게 된다. 따라서 최대 승점은 7점이 된다.

ㄹ.(○) A팀이 첫 번째 경기에 장사를 출전시키고 두 번째 경기에 왼손잡이를 출전시킨다는 확실한 정보를 B팀이 입수한다면, B팀은 우승할 수 있으며 이때의 승점은 7점이다.
→ 정보에 따르면 A팀의 출전선수 명단을 모두 알아낼 수 있는 셈이고, 〈보기〉 ㄷ.에서 언급한 것처럼 출전을 시킨다면 A팀을 이길 수 있고 승점이 역시 7점이 된다.

정답 ⑤

 다음 〈규칙〉을 근거로 판단할 때, 〈보기〉에서 옳은 것만을 모두 고르면? (경기 시작 전에 경기자 B는 경기자 A가 첫 번째 데크에 하얀색 카드를 둘 것이라는 정보를 입수하였다)   [17대비 모의 2회12]

| 규 칙 |

	1	2	3	4
A	하얀색			
(데크)				
B				

○ 각 경기자는 흰 카드, 붉은 카드, 검은 카드, 무지개 카드 1장씩을 1번부터 4번까지의 데크에 임의로 넣어둔다.
○ 경기자가 카드의 배열을 마친 후 데크를 열어 같은 번호의 데크에 넣어둔 카드를 비교하여 승패를 결정한다.
○ 상대방의 카드보다 본인의 카드가 더 강력하면 그 카드는 이겨 승점 3점을 얻고, 동일한 카드를 내어 비기면 승점 1점을 얻으며, 카드가 지면 승점 0점을 얻는다.
○ 흰 카드보다 붉은 카드가, 붉은 카드보다 검은 카드가, 검은 카드보다 무지개 카드가 더욱 강력하다. 그러나 무지개 카드는 오직 흰 카드에게만 진다.
○ 4개의 데크의 승점을 합하여 더 많은 승점을 얻은 경기자가 게임에서 승리한다.

| 보 기 |

ㄱ. B가 첫 번째 데크에 붉은 카드를 배열하면 최소 승점 5점을 얻는다.
ㄴ. B가 첫 번째 데크에 하얀 카드를 배열하면 최대 승점 6점을 얻는다.
ㄷ. B가 첫 번째 데크에 무지개 카드를 배열하여도 최종적으로 게임에서 이길 수 있다.
ㄹ. B가 첫 번째 데크에 검은 카드를 배열하면 B는 A의 첫 번째 카드 정보를 입수하고도 게임에서 패할 수 있다.

① ㄱ, ㄷ
② ㄱ, ㄹ
③ ㄴ, ㄷ
④ ㄴ, ㄹ
⑤ ㄱ, ㄷ, ㄹ

시험장 풀이법

이러한 유형의 퀴즈는 4개의 순서가 실제로 어떻게 되는지와 관계없이 상대방의 카드만 이기면 되므로, 상대방의 카드 순서를 임의로 (흰-붉-검-무) 순서라고 가정한 후에 푸는 것이 빠른 풀이이다.

ㄱ. (○) B가 첫 번째 데크에 붉은 카드를 배열하면 최소 승점 5점을 얻는다.
→ A가 흰-붉-검-무 순서일 때, B가 붉-흰-검-무 순서로 두면 3+0+1+1점으로 총 5점이 된다. 무지개카드는 질 수 없으므로 최소한 무지개카드를 무승부로 만들고 나서 나머지 흰, 검은 카드를 배열하면 쉽다(나아가, B가 첫 번째 데크에 붉은 카드를 배열하면 어떠한 경우에도 A에게 패하지 않는다는 점도 알 수 있다.).

ㄴ. (×) B가 첫 번째 데크에 하얀 카드를 배열하면 최대 승점 6점을 얻는다.
→ A가 흰-붉-검-무 순서일 때, B가 흰-검-무-붉 순서로 두면 1+3+3+0점으로 총 7점이 된다. 상대방보다 한 단계만 높은 카드로 이기는 것이 효율적이라는 점을 생각하면 된다.

ㄷ. (×) B가 첫 번째 데크에 무지개 카드를 배열하여도 최종적으로 게임에서 이길 수 있다.
→ A가 흰-붉-검-무 순서일 때, B가 이기기 위해서는 맨 끝자리에 흰 카드를 두어 첫 번째 데크에서 잃어버린 3점을 만회해야 한다(다른 카드를 두면 오히려 A에게 3점을 더 내어주게 된다.). 그런데 이 경우 B가 무-붉-검-흰 순서로 두든, 무-검-붉-흰 순서로 두든 A와 B는 항상 동점이 된다. 따라서 B는 게임에서 A를 이길 수 없다.

ㄹ. (○) B가 첫 번째 데크에 검은 카드를 배열하면 B는 A의 첫 번째 카드 정보를 입수하고도 게임에서 패할 수 있다.
→ A가 흰-붉-검-무 순서일 때, B가 검-흰-붉-무 순서로 두면 3+0+0+1점을 얻어 4점을 얻고, A는 7점을 얻을 것이므로 B가 패할 수 있다.

04 1순위를 고르는 문제

PSAT 논리퀴즈와 상황퍼즐

예제8 다음 글을 근거로 판단할 때, 사용자 아이디 KDHong의 패스워드로 가장 안전한 것은?

[민15인20]

○ 패스워드를 구성하는 문자의 종류는 4가지로, 알파벳 대문자, 알파벳 소문자, 특수문자, 숫자이다.
○ 세 가지 종류 이상의 문자로 구성된 경우, 8자 이상의 패스워드는 10점, 7자 이하의 패스워드는 8점을 부여한다.
○ 두 가지 종류 이하의 문자로 구성된 경우, 10자 이상의 패스워드는 10점, 9자 이하의 패스워드는 8점을 부여한다.
○ 동일한 문자가 연속되어 나타나는 패스워드는 2점을 감점한다.
○ 아래 〈키보드〉 가로열 상에서 인접한 키에 있는 문자가 연속되어 나타나는 패스워드는 2점을 감점한다.
  예) 과 은 인접한 키로, 6과 7뿐만 아니라 ^와 7도 인접한 키에 있는 문자이다.
○ 사용자 아이디 전체가 그대로 포함된 패스워드는 3점을 감점한다.
○ 점수가 높을수록 더 안전한 패스워드이다.

※ 특수문자는 !, @, #, $, %, ^, &, *, (,) 뿐이라고 가정한다.

― 보 기 ―

가로열1	! 1	@ 2	# 3	$ 4	% 5	^ 6	& 7	* 8	(9	) 0
가로열2	Q q	W w	E e	R r	T t	Y y	U u	I i	O o	P p
가로열3	A a	S s	D d	F f	G g	H h	J j	K k	L l
가로열4	Z z	X x	C c	V v	B b	N n	M m

① 10H&20Mzw
② KDHong!
③ asjpeblove
④ SeCuRiTy*
⑤ 1249dhqtgml

시험장 풀이법

조건을 파악하건대, 패스워드에 부여될 수 있는 점수 중 최곳값은 10이다. 그렇다면 10점짜리 패스워드가 선택지 중에서 판별되는 순간 다른 선지의 점수를 계산할 이유가 없다. ①번의 경우, 숫자, 대문자, 기호, 그리고 소문자까지 네 종류의 문자가 쓰였으며, 8자리가 넘으므로 우선 10점을 확보한다. 그런데 동일한 문자가 연속되어 나타나거나, 〈키보드〉 가로열 상에서 인접한 키에 있는 문자가 연속되어 나타나거나, 사용자 아이디 전체를 그대로 포함하고 있지 않으므로, 감점 사유가 없다. 따라서 가장 안전한 패스워드가 된다.

다른 선택지의 경우 모두 감점 사유가 있는데, 최종 점수를 나열하면 다음과 같다.

① 10
② 8-3
③ 10-2
④ 10-2
⑤ 10-2

매우 간단한 계산이기는 하지만 위와 같이 표시한 이유는, 앞서 언급한 바와 같이 감점 사유가 있는지 여부만이 중요하기 때문이다. 계산이 간단하다 하더라도 계산을 하지 않는 습관을 들여야 복잡한 문제를 대하였을 때도 구조를 간소화하여 해결할 수 있다.

예제9 甲과 乙이 아래 〈조건〉에 따라 게임을 할 때 옳지 않은 것은? [민12인08]

― | 조 건 | ―

○ 甲과 乙은 다음과 같이 시각을 표시하는 하나의 시계를 가지고 게임을 한다.

| 0 | 9 | : | 1 | 5 |

○ 甲, 乙 각자가 일어났을 때, 시계에 표시된 4개의 숫자를 합산하여 게임의 승패를 결정한다. 숫자의 합이 더 작은 사람이 이기고, 숫자의 합이 같을 때에는 비긴다.
○ 甲은 반드시 오전 6시에서 오전 6시 59분 사이에 일어나고, 乙은 반드시 오전 7시에서 오전 7시 59분 사이에 일어난다.

① 甲이 오전 6시 정각에 일어나면, 반드시 甲이 이긴다.
② 乙이 오전 7시 59분에 일어나면, 반드시 乙이 진다.
③ 乙이 오전 7시 30분에 일어나고, 甲이 오전 6시 30분 전에 일어나면 반드시 甲이 이긴다.
④ 甲과 乙이 정확히 1시간 간격으로 일어나면, 반드시 甲이 이긴다.
⑤ 甲과 乙이 정확히 50분 간격으로 일어나면, 甲과 乙은 비긴다.

시험장 풀이법

甲의 경우는 다음과 같다.

| 0 | 6 | : | 1 | 5 |

그리고 乙의 경우는 다음과 같다.

| 0 | 7 | : | 1 | 5 |

기본적으로 위와 같은 상황에서 각자가 몇 분에 일어나는지가 승패를 결정한다.

만약 두 사람이 정확히 한 시간 간격으로 일어난다면, 한 시간 일찍 일어나는 甲이 이길 수밖에 없다. 그러나 정확히 한 시간 간격이 아닌 경우에는 일률적으로 판단할 수 없다.

예를 들어 甲과 乙이 정확히 50분 간격으로 일어나면, 시(時)에서는 숫자의 합이 甲이 1이 적지만 분(分)에서는 숫자의 합이 반대로 乙이 1 적으므로 甲과 乙은 언제나 비기게 된다. 그런데 乙이 오전 7시 30분에 일어나고 甲이 오전 6시 29분에 일어난다면, 시·분에서 甲이 모두 1씩 작다고 생각할 수 있지만 숫자의 합은 甲이 훨씬 크다. 따라서 두 사람이 일어나는 간격이 한 시간을 초과할 때에 반드시 甲이 이긴다고 할 수 없다.

이러한 상황을 극단적으로 예시하면, 甲이 오전 6시 정각에 일어나거나 乙이 오전 7시 59분에 일어나는 경우일 것이다. 甲이 오전 6시 정각에 일어나면 숫자의 합이 가장 작으므로 반드시 甲이 이긴다. 반대로 乙이 오전 7시 59분에 일어나면 숫자의 합이 가장 큰 경우이므로 반드시 乙이 진다.

 다음 〈보기〉와 같이 하나의 주사위를 던져 나온 수에 따라 꽃 위를 이동한다. 주사위를 7번 던진 결과 최종 도착지의 숫자가 가장 큰 것은? [10선18]

| 보 기 |

○ 출발은 0에서 시작
  앞으로 이동시 0→1→2 순
  뒤로 이동시 0→9→8 순

○ 주사위 숫자별 이동방법
  ⚀, ⚂ : 뒤로 2칸 이동
  ⚄ : 뒤로 1칸 이동
  ⚀ : 앞으로 1칸 이동
  ⚃, ⚅ : 앞으로 2칸 이동

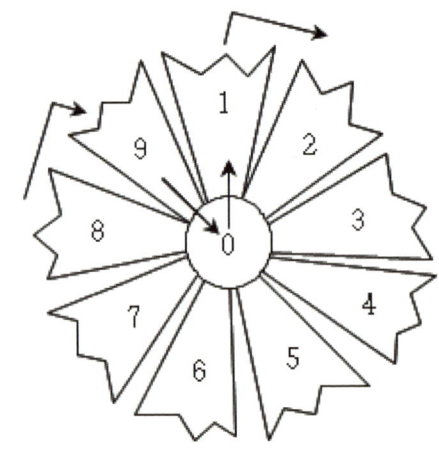

※ 그림의 화살표는 앞으로 이동하는 경우의 예이다.

① ⚀-⚄-⚂-⚀-⚂-⚀-⚅
② ⚂-⚀-⚀-⚀-⚂-⚄-⚄
③ ⚃-⚂-⚂-⚃-⚃-⚅-⚀
④ ⚀-⚂-⚃-⚃-⚀-⚀-⚅
⑤ ⚅-⚃-⚂-⚀-⚄-⚃-⚃

시험장 풀이법

최종 도착지의 숫자가 가장 큰 경우는 9가 적혀 있는 꽃잎에 안착할 때다. 여기서 중요한 것은 주사위 숫자별로 앞으로 가기도 하고 뒤로 가기도 한다는 점이다. 앞뒤로 움직이면서 0에서 시작하여 9에 도착하려면, 최종 결과가 뒤로 1칸 이동하는 셈이어야 한다. 그러한 관점에서 각 선택지를 판단하면 다음과 같다.

① −2−1+2−2+1−2+2 = −2
② −2+1−2−2+1−1+2 = −3
③ +2−2−2−1+2+2+1 = +2
④ −1+1+2+2−2+1+2 = +5
⑤ +2+2+1−2−2−1−1 = −1

따라서 정답은 ⑤이 된다.

 다음 〈그림〉은 데이터의 흐름도이다. 주어진 〈조건〉을 바탕으로 A에서 1이 입력되었을 때 F에서의 결과가 가장 크게 되는 값은? [08창38]

| 그 림 |

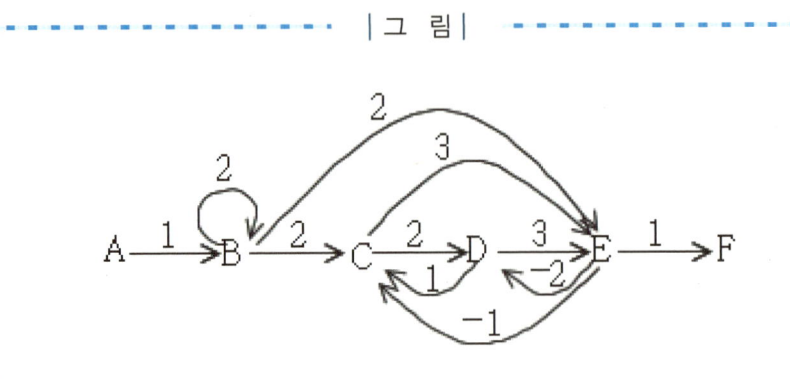

| 조 건 |

○ 데이터는 화살표 방향으로만 이동할 수 있으며, 같은 경로를 여러 번 반복해서 이동할 수 있다.
○ 화살표 위의 숫자는 그 경로를 통해 데이터가 1회 이동할 때마다 데이터에 곱해지는 수치를 의미한다.
○ 각 경로를 따라 데이터가 이동할 때, 1회 이동 시간은 1시간이며, 데이터의 총 이동시간은 10시간을 초과할 수 없다.
○ 데이터의 대소 관계는 [음수<0<양수]의 원칙에 따른다.

① 256
② 384
③ 432
④ 864
⑤ 1296

시험장 풀이법

F에서의 결과가 가장 크게 되려면, 가능한 한 2 또는 3을 곱하는 방향으로 나아가야 한다. 그리고 데이터의 총 이동시간인 10시간을 최대한 활용하여야 한다. 그러한 관점에서 볼 때 E에서 뒤로 돌아가는 과정이 생길 수밖에 없는데, 이 때 음수가 곱해지기 때문에 결과를 가장 크게 하려면 정확히 두 번 돌아가야 한다.

위와 같은 상황을 모두 고려해서 경로를 설정해 보면, A → B → C → D → E → D → E → D → E → F로 가는 것이 효율적이다. 그런데 이 경우 이동시간이 9시간에 불과하므로, B에서 한 바퀴 돌아서 가면 된다. 이 경우 결과는 $2 \times 2 \times 2 \times 3 \times (-2) \times 3 (-2) \times 3 \times 1 = 864$다.

 다음 〈놀이 규칙〉에 따라 甲과 乙이 주사위 놀이를 할 때 甲이 승리하는 경우는?

[11선16]

| 놀이규칙 |

○ 3개의 정육면체 주사위 중 주사위 A에는 0부터 5, 주사위 B에는 1부터 6, 주사위 C에는 2부터 7의 숫자가 각각 주사위의 여섯 면에 적혀있다.
○ 주사위 A에서 나오는 숫자 a, 주사위 B에서 나오는 숫자 b, 주사위 C에서 나오는 숫자 c를 자신의 기록지에 순서대로 아래와 같이 적는다. 그리고 ㉮자리와 ㉯자리에는 사칙연산 부호(+, −, ×, ÷) 중 하나씩을 甲과 乙이 각자 놀이에서 승리하기 위해 가장 유리한 대로 골라서 자신의 기록지에 적는다. 이 때 甲과 乙은 상대방이 고른 부호를 고를 수 있지만, 한 사람이 같은 부호를 ㉮와 ㉯ 자리에 중복해서 쓸 수는 없다.

a ㉮ b ㉯ c = 점수

○ 점수는 a, b, c의 숫자 및 ㉮와 ㉯의 사칙연산 부호를 이용하여 계산하고, 사칙연산 시에는 일반적인 사칙연산의 계산 순서에 따라 ×, ÷를 +, −보다 먼저 계산한다. 예를 들어 주사위를 던져 a=4, b=4, c=5가 나왔고 ㉮에는 +, ㉯에는 ×를 넣기로 하였다면 점수는 24점이 된다.
○ 승패의 결정은 점수가 더 높은 사람이 승리하는 것으로 한다. 다만 점수가 1점이 되면 상대가 아무리 높은 점수라 하더라도 1점이 되는 사람이 승리한다.

	甲			乙		
	a	b	c	a	b	c
①	1	4	7	5	1	5
②	5	6	5	0	3	3
③	3	6	3	5	4	2
④	3	3	3	1	6	2
⑤	4	5	7	2	2	2

시험장 풀이법

승패 결정시 점수가 1점이 되면 무조건 승리한다고 한다. 발문에서 甲이 승리하는 경우를 물어보았으므로, 甲의 점수가 1점이 되는 경우를 찾으면 그것이 정답이다.

그런데 ③에서 甲에게 나온 숫자가 3, 6, 3이라면, 3-6÷3 = 1과 같은 방식으로 1점을 만들 수 있다. 따라서 甲이 승리하는 경우가 된다.

정답 ③

06 과정을 추론하는 문제

PSAT 논리퀴즈와 상황퍼즐

예제13 다음 〈사실〉과 〈진술〉을 근거로 추론할 때 옳지 않은 것은? [외13인13]

| 사 실 |

- 가영, 나리, 다솜, 라익, 마음, 바울이는 어느 날 아침에 숙소의 음식을 나눠 먹었다. 그 후 가영, 나리, 다솜, 마음이에게 식중독 증상이 나타났다.
- 이들은 잼, 요거트, 빵, 우유, 주스, 샐러드, 버터, 치즈, 쿠키, 달걀 프라이, 감자 등 총 11종류의 음식을 먹었다.
- 최소 1종류 이상의 음식이 상한 것으로 밝혀졌다.
- 상한 음식을 1종류라도 먹게 되면 식중독에 걸린다.
- 식중독의 발병 여부는 섭취한 음식량과 무관하며, 조금이라도 상한 음식을 먹었으면 식중독에 걸린다.
- 음식 이외의 요인에 의해서는 식중독에 걸리지 않는다.

| 진 술 |

- 가영 : 잼을 넣은 요거트를 먹었어. 잼을 바른 빵과 함께 우유를 한 잔 마시고, 샐러드랑 쿠키도 먹었어.
- 나리 : 잼과 버터를 바른 빵과 함께 감자랑 달걀 프라이를 먹었어.
- 다솜 : 빵 사이에 치즈를 끼워서 우유와 함께 먹었어. 요거트랑 쿠키도 조금 먹었어.
- 라익 : 배가 별로 고프지 않아서 달걀 프라이랑 우유, 감자만 조금 먹었어.
- 마음 : 요거트를 먹은 후, 잼 바른 빵과 샐러드에 주스를 함께 먹었어.
- 바울 : 버터 바른 빵과 달걀 프라이에 우유를 먹고, 후식으로 요거트를 먹었어.

① 가영이가 먹은 음식 중 상한 음식은 반드시 한 종류일 것이다.
② 다솜이가 요거트와 우유를 먹지 않았어도 식중독에 걸렸을 것이다.
③ 만약 잼을 바른 빵과 우유, 달걀 프라이를 먹는다면 식중독에 걸릴 것이다.
④ 만약 샐러드와 치즈, 쿠키와 우유를 먹는다면 반드시 식중독에 걸릴 것이다.
⑤ 나리가 먹은 음식 중 상한 음식은 반드시 한 종류일 것이다.

시험장 풀이법

가영, 나리, 다솜, 마음이에게 식중독 증상이 나타났고 상한 음식을 1종류라도 먹게 되면 식중독에 걸린다고 하는데, 한편으로 라익이와 바울이는 식중독에 걸리지 않았으므로 이들이 먹은 음식은 상하지 않았음을 추론할 수 있다. 그렇다면 달걀 프라이, 우유, 감자, 버터, 빵, 그리고 요거트는 상하지 않았다.

이는 가영이가 먹은 잼과 샐러드 및 쿠키, 나리가 먹은 잼, 다솜이가 먹은 치즈와 쿠키, 마지막으로 마음이가 먹은 잼과 샐러드 및 주스 중 최소 1종류의 음식이 상했다는 뜻이다. 나리가 먹은 음식 중에 상한 음식으로 추정될 수 있는 것은 잼밖에 없으므로, 잼은 확정적으로 상한 음식임을 알 수 있다. 그리고 다솜이가 먹은 치즈와 쿠키 둘 중의 하나도 상했다.

위 결과를 바탕으로 각 선택지를 판단해 본다.

① (×) 가영이가 먹은 음식 중 상한 음식은 반드시 한 종류일 것이다.
→ 가영이가 먹은 잼이 확정적으로 상한 음식이고, 그 외 샐러드나 쿠키도 상했을 가능성이 있다. 따라서 가영이가 먹은 음식 중 상한 음식이 반드시 한 종류일 필요는 없다.

② (○) 다솜이가 요거트와 우유를 먹지 않았어도 식중독에 걸렸을 것이다.
→ 요거트와 우유는 라익이나 바울이도 먹었지만 식중독에 걸리지 않았으므로, 요거트와 우유는 최종적인 식중독 발병 여부와 관계없다. 따라서 다솜이가 요거트와 우유를 먹지 않았어도 식중독에 걸렸을 것이다.

③ (○) 만약 잼을 바른 빵과 우유, 달걀 프라이를 먹는다면 식중독에 걸릴 것이다.
→ 잼이 상한 음식이므로, 잼을 바른 빵을 먹는다면 식중독에 걸릴 것이다.

④ (○) 만약 샐러드와 치즈, 쿠키와 우유를 먹는다면 반드시 식중독에 걸릴 것이다.
→ 치즈와 쿠키 중 어느 것이 상한 음식인지는 알 수 없지만, 그 둘 중의 하나가 상한 음식임은 확실하다. 따라서 치즈와 쿠키를 함께 먹는다면 반드시 식중독에 걸릴 것이다.

⑤ (○) 나리가 먹은 음식 중 상한 음식은 반드시 한 종류일 것이다.
→ 나리가 먹은 음식 중 상한 음식은 잼밖에 없다.

정답 ①

다음 글을 근거로 판단할 때, <보기>에서 옳은 것만을 모두 고르면? (단, 주어진 조건 외에 다른 조건은 고려하지 않는다) [17가12]

A회사의 모든 직원이 매일 아침 회사에서 요일별로 제공되는 빵을 먹었다. 직원 가운데 甲, 乙, 丙, 丁 네 사람은 빵에 포함된 특정 재료로 인해 당일 알레르기 증상이 나타났다. A회사는 요일별로 제공된 빵의 재료와 甲, 乙, 丙, 丁에게 알레르기 증상이 나타난 요일을 아래와 같이 표로 정리했으나, 화요일에 제공된 빵에 포함된 두 가지 재료가 확인되지 않았다. 甲, 乙, 丙, 丁은 각각 한 가지 재료에 대해서만 알레르기 증상을 보였다.

구분	월	화	수	목	금
재료	밀가루, 우유	밀가루, ?, ?	옥수수가루, 아몬드, 달걀	밀가루, 우유, 달걀	밀가루, 우유, 달걀, 식용유
알레르기 증상 발생자	甲	丁	乙, 丁	甲, 丁	甲, 丙, 丁

※ 알레르기 증상은 발생한 당일 내에 사라진다.

───────── | 보 기 | ─────────

ㄱ. 甲이 알레르기 증상을 보인 것은 밀가루 때문이다.
ㄴ. 甲, 乙, 丙은 서로 다른 재료에 대하여 알레르기 증상을 보였다.
ㄷ. 화요일에 제공된 빵의 확인되지 않은 재료 중 한 가지는 달걀이다.
ㄹ. 만약 화요일에 제공된 빵에 포함된 재료 중 한 가지가 아몬드였다면, 乙의 알레르기 증상은 옥수수가루 때문이다.

① ㄱ, ㄷ
② ㄴ, ㄹ
③ ㄷ, ㄹ
④ ㄱ, ㄴ, ㄹ
⑤ ㄴ, ㄷ, ㄹ

> **시험장 풀이법**

甲, 乙, 丙, 丁이 각각 한 가지 재료에 대해서만 알레르기 증상을 보이고 해당 증상은 발생한 당일 내에 사라진다고 하는데, 위 네 사람 중 알레르기 증상을 가장 자주 보인 사람은 丁이다. 丁은 월요일을 제외한 다른 요일에 알레르기 증상을 보였는데, 수·목·금요일에 공통적으로 먹은 재료가 바로 달걀이다. 따라서 화요일에 제공된 빵에도 달걀이 들어갔음을 추론할 수 있다.

다음으로 알레르기 증상을 자주 보인 사람은 甲이다. 甲은 밀가루와 우유만이 들어간 빵을 먹었을 때 알레르기 증상을 보였으므로, 그 두 재료 중의 어느 하나에 알레르기 증상이 나타남을 알 수 있다. 그런데 밀가루가 들어간 빵이 제공된 화요일에는 甲이 알레르기 증상을 보이지 않았으므로, 결국 우유가 문제임을 알 수 있다. 그렇다면 화요일에는 우유가 들어가지 않았을 것이다.

丙의 경우 금요일에만 알레르기 증상을 보였는데, 알레르기 증상을 보이지 않은 목요일과 그 재료를 비교해 보면 식용유만이 추가되었음을 알 수 있다. 따라서 丙은 식용유에 알레르기 증상을 보이며, 화요일에는 식용유가 재료로 쓰이지 않았다는 결론을 내리게 된다.

乙의 경우 수요일에만 알레르기 증상을 보였는데, 이를 고려할 때 乙에게는 옥수수가루 또는 아몬드가 맞지 않는다. 만약 화요일에 제공된 빵에 포함된 재료 중 한 가지가 아몬드였다면, 乙의 알레르기 증상은 옥수수가루 때문이다.

 다음 글을 읽고 〈조건〉에 따라 추론할 때, 하나의 조건을 추가하면 조선왕조의궤가 세계기록유산으로 지정된 연도를 알 수 있다고 한다. 다음 중 이 하나의 조건이 될 수 있는 것은?

[12인37]

> UNESCO(국제연합교육과학문화기구)는 세계 여러 나라의 기록물들 가운데 미적·사회적·문화적 가치가 높은 자료들을 선정하여 세계기록유산으로 지정해 왔다. 2010년 현재 UNESCO가 지정한 대한민국의 세계기록유산은 총 7개로 동의보감, 승정원일기, 조선왕조실록, 조선왕조의궤, 직지심체요절, 팔만대장경판, 훈민정음이다. UNESCO는 1997년에 2개, 2001년에 2개, 2007년에 2개, 2009년에 1개를 세계기록유산으로 지정하였다.

― | 조 건 | ―
- 조선왕조실록은 승정원일기와 팔만대장경판보다 먼저 지정되었다.
- 훈민정음은 단독으로 지정되지 않았다.
- 직지심체요절은 단독으로 지정되지 않았다.
- 동의보감은 조선왕조의궤보다 먼저 지정되지 않았다.
- 2002년 한·일 월드컵은 승정원일기가 지정된 이후에 개최되었다.
- 직전의 지정이 있은 때로부터 직지심체요절이 지정되기까지의 시간 간격은 가장 긴 간격이 아니었다.

※ 동일 연도에 세계기록유산으로 지정된 기록물들은 같이 지정된 것으로 본다.

① 훈민정음은 2002년 이전에 지정되었다.
② 동의보감은 2002년 이후에 지정되었다.
③ 직지심체요절은 2002년 이전에 지정되었다.
④ 팔만대장경판은 2002년 이후에 지정되었다.
⑤ 팔만대장경판은 동의보감보다 먼저 지정되었다.

시험장 풀이법

먼저 훈민정음과 직지심체요절이 단독으로 지정되지 않았다고 하므로, 2009년에 지정된 것이 아님을 알 수 있다. 그리고 승정원일기는 2002년 이전에 지정되었으므로, 1997년 또는 2001년에 지정되었음을 알 수 있다.

또 직전의 지정이 있은 때로부터 직지심체요절이 지정되기까지의 시간 간격이 가장 긴 간격이 아니었다고 하므로, 가장 긴 6년의 간격을 보이는 2007년에 지정된 것이 아님을 알 수 있다. 더불어 직전의 지정이 있었다는 것은 1997년에 지정된 것도 아니라는 뜻이다. 그렇다면 직지심체요절이 2001년에 지정된 것임이 확정된다.

한편 조선왕조실록이 승정원일기보다 먼저 지정되었다고 하는데, 앞서 살핀 바와 같이 승정원일기가 2001년 이전에 지정되었으므로 조선왕조실록이 1997년, 승정원일기가 2001년에 지정되었음을 알 수 있다. 그리고 팔만대장경판은 2007년 이후로 시점이 좁아진다.

동의보감이 조선왕조의궤보다 먼저 지정되지 않았다고 하는데, 만약 동의보감이 1997년에 지정되었다면 이러한 조건과 배치된다. 그리고 조선왕조의궤가 2009년에 지정되는 경우도 마찬가지다.

	연도	1997	2001	2007	2009
	개수	2	2	2	1
유산	동의보감	×			
	승정원일기		○	×	×
	조선왕조실록	○			
	조선왕조의궤				×
	직지심체요절	×	○	×	×
	팔만대장경판	×	×		
	훈민정음				×

따라서 조선왕조의궤가 1997년에 지정되었는지, 아니면 2007년에 지정되었는지를 확정할 수 있는 조건이 필요하다.

① (○) 훈민정음은 2002년 이전에 지정되었다.

→ 이 경우 훈민정음이 1997년으로 확정되고, 1997년에 지정된 2개의 유산을 모두 찾았으므로 조선왕조의궤는 2007년으로 확정된다.

② (×) 동의보감은 2002년 이후에 지정되었다.

③ (×) 직지심체요절은 2002년 이전에 지정되었다.

④ (×) 팔만대장경판은 2002년 이후에 지정되었다.

→ 이미 알고 있는 조건이다.

⑤ (×) 팔만대장경판은 동의보감보다 먼저 지정되었다.

→ 이 경우 팔만대장경판과 동의보감의 지정 연도는 알 수 있지만 조선왕조의궤의 지정 연도는 여전히 불확실한 상태다.

POINT

정답 ①

 다음 글과 〈조건〉에 따라 추론할 때, 하나의 조건을 추가하면 甲이 네덜란드에 방문한 연도를 알 수 있다고 한다. 이 조건으로 옳은 것은? [17대비 모의2회[35]

> 甲은 20살이 되던 2005년에 생애 첫 해외여행을 하였다. 이때 甲은 총 3개의 나라를 여행하고 돌아왔다. 이를 계기로 여행에 취미를 가지게 된 甲은 대학교를 졸업할 때까지 매년 해외여행을 하였다. 2006년에는 2개국, 2007년에는 1개국, 2008년에는 2개국을 여행하여 4년간 총 8개국의 여행을 하게 되었다. 甲이 여행을 다녀온 나라는 미국, 영국, 프랑스, 네덜란드, 일본, 중국, 터키, 이탈리아이다.

|조 건|
- 미국을 여행한 연도에 다른 국가는 여행하지 않았다.
- 터키는 일본 여행의 직전 연도에 여행하였다.
- 이탈리아는 중국보다 먼저 여행하지 않았다.
- 네덜란드는 프랑스와 영국보다 나중에 여행하였다.

① 중국은 일본보다 먼저 여행하였다.
② 일본 여행을 다녀온 다음 해에 미국을 여행하였다.
③ 영국은 2006년 이전에 여행하였다.
④ 이탈리아는 2006년 이후에 여행하였다.
⑤ 터키는 2007년 이전에 여행하였다.

시험장 풀이법

첫째 조건을 통해 미국을 2007년에 여행했다는 사실을 알 수 있다.

둘째 조건을 통해 터키를 2005년, 일본을 2006년에 여행했다는 사실을 알 수 있다.

셋째 조건을 통해 이탈리아를 2005년에 여행할 수 없으므로 2006년 혹은 2008년에 여행했음을 알 수 있다.

넷째 조건을 통해 네덜란드는 2006년 또는 2008년에 여행했음을 알 수 있다.

① (○) 중국은 일본보다 먼저 여행하였다.
→ 중국을 일본보다 먼저 여행하였다면, 중국을 2005년에 여행한 것이 되고, 이로 인해 영국과 프랑스 중 한 나라는 2006년에 여행을 하였을 것이므로 네덜란드는 2008년에 여행했음을 알 수 있다.

② (×) 일본 여행을 다녀온 다음 해에 미국을 여행하였다.

⑤ (×) 터키는 2007년 이전에 여행하였다.
→ 주어진 조건을 통해 알 수 있는 것이다.

③ (×) 영국은 2006년 이전에 여행하였다.
→ 영국을 2006년 이전에 여행하였다고 하더라도 프랑스를 2005년과 2006년 중 언제 여행하였는지 알 수 없으므로, 네덜란드를 여행한 연도도 알 수 없다.

④ (×) 이탈리아는 2006년 이후에 여행하였다.
→ 이탈리아를 2008년에 여행하였다는 사실만으로 네덜란드를 여행한 연도를 알 수는 없다. 따라서 조선왕조의궤가 1997년에 지정되었는지, 아니면 2007년에 지정되었는지를 확정할 수 있는 조건이 필요하다.

정답 ①

다음 글과 〈대회 종료 후 대화〉를 근거로 판단할 때, 비긴 카드 게임의 총 수는?

[17가38]

다섯 명의 선수(甲~戊)가 카드 게임 대회에 참가했다. 각 선수는 대회에 참가한 다른 모든 선수들과 일대일로 한 번씩 카드 게임을 했다. 각 게임의 승자는 점수 2점을 받고, 비긴 선수는 점수 1점을 받고, 패자는 점수를 받지 못한다.

이 카드 게임 대회에서 각 선수가 얻은 점수의 총합이 큰 순으로 매긴 순위는 甲, 乙, 丙, 丁, 戊 순이다. (단, 동점은 존재하지 않는다)

┆ 대회 종료 후 대화 ┆

乙: 난 한 게임도 안 진 유일한 사람이야.
戊: 난 한 게임도 못 이긴 유일한 사람이야.

① 2번
② 3번
③ 4번
④ 5번
⑤ 6번

시험장 풀이법

다섯 명의 선수가 대회에 참가한 다른 모든 선수들과 일대일로 한 번씩 카드 게임을 하였다면, 1인당 4게임씩을 치렀다는 뜻이다.

점수 부여 방식상, 경기당 두 선수에게 부여되는 점수가 총 2점임을 알 수 있다. 왜냐하면 승패가 갈릴 경우 승자에게만 점수 2점이 부여되고, 승패가 갈리지 않을 경우에는 두 선수에게 각각 점수 1점씩이 부여되기 때문이다.

1인당 4게임씩 총 다섯 명의 선수가 대회를 치를 경우, 대회에서는 총 10경기를 치르게 된다(∵ 예를 들어 甲이 乙을 상대로 하는 경기와 乙이 甲을 상대로 하는 경기는 동일한 경기다. 즉 10 = 4×5/2).

따라서 대회를 통하여 부여된 점수의 총합은 20점이 된다.

乙이 4게임을 모두 비겼다면 점수의 총합이 4점이 된다.

반면 甲의 경우 최소 한 게임을 졌지만 乙보다 점수의 총합이 크다. 이는 甲의 점수의 총합이 5점 아니면 6점이라는 뜻이다(∵ 예를 들어 7점을 기록하려면 3승 1무로, 패가 없어야 한다.). 그런데 甲의 점수의 총합이 5점이면 甲, 乙, 丙, 丁, 戊의 점수가 5, 4, 3, 2, 1점이 될 수밖에 없어 대회 전체 점수의 합인 20점이라는 전제를 충족시키지 못한다. 결국 甲은 6점이고, 乙, 丙, 丁, 戊는 5, 4, 3, 2점을 받은 것이다.

甲은 3승 1패로 6점을 얻었다.
乙은 1승 3무로 5점을 얻었다.
戊는 2무 2패로 2점을 얻었다는 뜻이다.
더불어 丁은 1승 1무 2패로 3점을 얻었다는 뜻이다.
丙은 2승 2패 또는 1승 2무 1패로 4점을 얻었다는 뜻이다.

그런데 甲은 무승부가 없는데 乙이 3무나 기록하였으므로, 각각 丙, 丁, 戊와 1무씩을 기록한 것임을 추론하는 것이 핵심이다. 따라서 丙은 1승 2무 1패가 된다.

경기의 결과가 승-패 또는 무-무로밖에 나오지 않으므로, 대회 전체적으로 승수와 패수가 서로 같아야 하고 무승부의 수는 짝수일 수밖에 없다. 대회 전체 무승부의 총합이 8무이므로, 비긴 카드 게임의 총수는 4번이 된다.

A, B, C, D, E가 다섯 명이 장기시합을 벌였다. 아래의 〈조건〉과 같이 시합이 이루어졌고, 각자가 얻은 점수만으로 매긴 순위가 동순위 없이 차례대로 A, B, C, D, E 라고 할 때, 다섯 사람의 결과로 옳은 것은? [17대비 모의4회18]

| 조 건 |

○ 시합은 풀리그 방식으로 치러졌다.
○ 승자는 승점을 모두 받지만, 비긴 사람은 승점의 절반을 받고, 패자는 점수가 없다.
○ 시합이 끝나고 나눈 대화가 아래와 같다.
　　B:난 한 판도 안 진 유일한 사람이군.
　　E:난 한 판도 못 이긴 유일한 사람이군.

※ 풀리그 방식이란, 리그전을 뜻하는 것으로 장기시합에 참여한 모든 사람과 한 번씩 게임을 하는 방식을 의미한다.

① A는 전승을 거두었다.
② B는 A에게 승리를 거두었다.
③ C는 D와 E 모두와 무승부를 거두었다.
④ D는 C에게 승리를 거두었다.
⑤ E는 C와 D에게 패하였다.

시험장 풀이법

승점을 간단하게 2점으로 가정해 보면, 전체 시합의 수가 $_5C_2$ = 10 이므로 총 승점은 2×10 = 20점이 된다. 다섯 명의 서로 다른 점수를 모두 더해서 20점이 나와야 하므로 20 = 6+5+4+3+2 = 7+6+4+2+1 = 7+5+4+3+1만이 가능하다.

A가 7점을 얻으려면 3승 1무를 거둘 수밖에 없다. 그러나 '한판도 안 진 유일한 사람'이 B라고 제시되어 있으므로, 이것은 불가능하다. 따라서 A의 점수는 6점이고 전적은 3승 1패가 됨을 알 수 있다. 그리고 A와 B의 시합에서 B가 지지 않았기 때문에 A는 B에게 졌거나 비겨야만 한다. 앞에서 구한 바에 따르면 A의 전적에 무승부가 없으므로 A와 B의 대결에서는 A가 지고 B가 이긴 것이 된다. 그렇다면 B에게는 1승이 있으므로, 승점이 총 5점이 되려면 1승 3무여야 한다.

	A	B	C	D	E	승점
A		패	승	승	승	6
B	승		무	무	무	5
C	패	무				4
D	패	무				3
E	패	무				2

C는 이미 1무 1패(승점 1점)를 기록하고 있으므로, 4점이 되려면 1승 1무를 더 얻어야 한다. D가 1무 1패(승점 1점)을 가지고 있으므로 승점이 총 3점이 되려면 2무를 더 얻거나, 1승 1패를 더 얻어야 한다. 그런데 D가 3무 1패가 된다면 '한 판도 못 이긴 유일한 사람'이 E라는 것과 모순이 된다. 따라서 D는 1승 1패를 얻어야 하고 따라서 총 전적은 1승 1무 2패가 된다. C가 D, E와 싸워서 1승 1무를 얻어야 하므로 C가 D에게 지지 않았음을, 즉, D가 C에게 이기지 못했음을 알 수 있다. 그러므로 C와 D의 시합에서는 C가 D를 이겼다는 것을 알 수 있다.

D의 남은 한 칸은 '승'이어야 하고, E의 나머지 한 칸은 '패'여야 한다.

	A	B	C	D	E	승점
A		패	승	승	승	6
B	승		무	무	무	5
C	패	무		승	무	4
D	패	무	패		승	3
E	패	무	무	패		2

결론적으로 A는 전승을 거두지 못했고, C는 D에게 승리를 거두었으며(반대로 D는 C에게 패하였다.), E는 C와 무승부를 거두었다. 정답은 ②이다.

Public Service Aptitude Test

제2장

날짜 계산 문제

 **다음 글을 근거로 판단할 때 ○○년 8월 1일의 요일은?** [민15인24]

> ○○년 7월의 첫날 甲은 자동차 수리를 맡겼다. 甲은 그 달 마지막 월요일인 네 번째 월요일에 자동차를 찾아가려 했으나, 사정이 생겨 그 달 마지막 금요일인 네 번째 금요일에 찾아갔다.

※ 날짜는 양력 기준

① 월요일
② 화요일
③ 수요일
④ 목요일
⑤ 금요일

시험장 풀이법

요일이 같은 날끼리 나열해보면 다음과 같다.

1, 8, 15, 22, 29

2, 9, 16, 23, 30

3, 10, 17, 24, 31

4, 11, 18, 25

5, 12, 19, 26

6, 13, 20, 27

7, 14, 21, 28

이 때 월요일과 금요일 모두 넷째 주까지만 있기 위해서는 4일이 금요일, 7일이 월요일인 경우여야 한다. 즉, 7월 31일은 목요일이 되며 8월 1일은 금요일이 되는 것이다.

다음 〈보기〉는 용수철로 묶여 있어서 앞뒤로 자유롭게 넘길 수 있는 ○○○○
년도 우리나라의 달력이다. 이 달력은 해당 연도의 12개월분이 있었는데, 그
중 여러 장이 찢겨나가 있었고, 이전 사용자가 의도적으로 ◯ 과 같은 구멍
을 뚫어 놓아서 그 다음 장 혹은 그 이후의 장에 있는 숫자가 보이게 되어 있
었다. 다음 중 이 달력과 관련하여 판단한 것으로 옳지 않은 것은? [08창16]

── | 보 기 | ──

○ 첫 장은 일요일에 해당되는 날과 15일(국경일)이 빨간색으로 표시되어 있었다.
○ 공휴일인 국경일은 삼일절, 광복절, 개천절뿐이다.
○ 달력의 해당 연도는 윤년이 아니고 홀수 달은 모두 찢겨나가 있었다.

일	월	화	수	목	금	토
			③	2	①	4
5	6	7	8	9	10	11
12	13	14	15	16	17	18
19	20	21	㉕	23	24	25
26	27	28	29	30	31	

① 첫 장은 해당 연도의 12월이 아니다.
② ㉕가 원래 속해 있는 달은 10월이 아니다.
③ ③이 원래 속해 있는 달은 첫 장 달의 2개월 후이다.
④ ①이 원래 속해 있는 달은 첫 장 달과 4개월의 차이가 있다.
⑤ ③이 원래 속해 있는 달과 ㉕가 원래 속해 있는 달은 6개월의 차이가 있다.

시험장 풀이법

공휴일인 국경일은 (2008년 기준으로) 삼일절(3월 1일), 광복절(8월 15일), 그리고 개천절(10월 3일)뿐이다. 그런데 첫 장의 15일이 빨간색으로 표시되어 있었다고 하므로, 첫 장은 광복절이 속한 8월임을 알 수 있다.

그리고 홀수 달이 모두 찢겨나가 있었다고 하므로, 구멍을 통해 보이는 숫자는 10월, 12월 등 짝수 달의 어느 하루다(용수철로 묶여 있어서 앞뒤로 자유롭게 넘길 수 있다고 하므로 2월~6월이 뒤쪽에 위치하여 보일 수 있다.).

한 달 ≒ 30일 = 7일×4(주)+2일
그런데 8월 = 31일 = 7일×4(주)+3일

이에 따라 예를 들어 8월 1일과 9월 1일은 요일이 3일 차이가 나는 것이다. 문제에서 8월 1일이 수요일이므로 9월 1일은 토요일이 되고, 9월은 30까지 있으므로 10월 1일은 토요일에서 요일이 2일 밀려 월요일이 된다.

6월과 8월도 8월과 10월처럼 요일이 5일 차이 나므로, 6월 1일은 금요일이 된다. 즉, 구멍으로 보이는 1이라는 숫자는 6월 1일이다. 따라서 ①이 원래 속해 있는 달은 첫 장 달과 2개월의 차이가 있다.

③이 원래 속해 있는 달은 10월이다. 8월 3일보다 요일이 5일 뒤로 미뤄져 수요일이 되기 때문이다.

㉕가 원래 속해 있는 달은 4월이다. 4월과 8월은 같은 날짜의 요일이 총 10일(2일(4월)+3일(5월)+2일(6월)+3일(7월)) 차이 나므로, 4월 25일이 수요일이 되기 때문이다.

정답 ④

 다음을 근거로 판단할 때 A국 사람들이 나눈 대화 중 옳은 것은?(단, 여권은 모두 유효하며, 아래 대화의 시점은 2011년 2월 26일이다) [11선04]

〈A국의 비자면제협정 체결 현황〉

(2009. 4. 기준)

대상여권	국가(체류기간)
외교관	우크라이나(90일), 우즈베키스탄(60일)
외교관 · 관용	이집트(90일), 일본(3개월), 에콰도르(외교관:업무수행기간, 관용: 3개월), 캄보디아(60일)
외교관 · 관용 · 일반	포르투갈(60일), 베네수엘라(외교관 · 관용:30일, 일반:90일), 영국(90일), 터키(90일), 이탈리아(90일), 파키스탄(3개월, 2008.10.1부터 일반 여권 소지자에 대한 비자면제협정 일시정지)

※ 2009년 4월 이후 변동사항은 고려하지 않는다.
※ 상대국에 파견하는 행정원의 경우에는 관용 여권을 발급한다.
※ 면제기간은 입국한 날부터 기산(起算)한다.
※ 상기 협정들은 상호적인 규정이다.

① 희선 : 포르투갈인이 일반 여권을 가지고 2010년 2월 2일부터 같은 해 4월 6일까지 A국을 방문했을 때 비자를 발급받을 필요가 없었겠군.
② 현웅 : A국이 작년에 4개월 동안 우즈베키스탄에 행정원을 파견한 경우 비자를 취득해야 했지만, 같은 기간 동안 에콰도르에 행정원을 파견한 경우 비자를 취득할 필요가 없었겠군.
③ 유리 : 나는 일반 여권으로 2009년 5월 1일부터 같은 해 8월 15일까지 이탈리아에 비자 없이 체류했었고, 2010년 1월 2일부터 같은 해 3월 31일까지 영국에도 체류했었어.
④ 용훈 : 외교관 여권을 가지고 같은 기간을 A국에서 체류하더라도 이집트 외교관은 비자를 발급받아야 하지만, 파키스탄 외교관은 비자를 발급받지 않아도 되는 경우가 있겠군.
⑤ 예리 : 관용 여권을 가지고 2010년 5월 5일부터 같은 해 5월 10일까지 파키스탄을 방문했던 A국 국회의원은 비자를 취득해야 했었겠군.

시험장 풀이법

① (×) 희선 : 포르투갈인이 일반 여권을 가지고 2010년 2월 2일부터 같은 해 4월 6일까지 A국을 방문했을 때 비자를 발급받을 필요가 없었겠군.

→ 포르투갈의 경우 일반 여권도 60일 동안 비자가 면제된다. 그런데 2010년 2월 2일부터 같은 해 4월 6일까지의 기간을 세면, 2010년 2월은 28일까지이므로 2일부터 28일까지는 27일이고 3월은 31일까지 있으며 4월 6일까지를 계산하면 64일이 되어서, 비자가 면제되는 60일보다 길다. 따라서 비자를 발급받아야만 하므로, 발급받을 필요가 없다고 하는 희선이의 말은 틀리다.

② (×) 현웅 : A국이 작년에 4개월 동안 우즈베키스탄에 행정원을 파견한 경우 비자를 취득해야 했지만, 같은 기간 동안 에콰도르에 행정원을 파견한 경우 비자를 취득할 필요가 없었겠군.

→ 행정원을 파견하는 경우 관용 여권을 발급하는데, 우즈베키스탄에서는 외교관 여권에만 비자 면제를 적용하고 있으므로 체류 기간에 관계없이 비자를 취득해야 했다. 그리고 에콰도르에서는 관용 여권에도 비자를 면제해주지만 그 기간이 3개월에 불과하므로, 4개월 동안 파견한 경우 비자를 취득했어야 한다.

③ (×) 유리 : 나는 일반 여권으로 2009년 5월 1일부터 같은 해 8월 15일까지 이탈리아에 비자 없이 체류했었고, 2010년 1월 2일부터 같은 해 3월 31일까지 영국에도 체류했었어.

→ 먼저 영국에서는 모든 여권에 대해서 90일 동안 비자를 면제한다. 2010년 1월 2일부터 같은 해 3월 31일까지는, 1월에 해당하는 기간이 30일, 2월은 28일까지고, 3월은 31일이므로, 총 89일이다. 따라서 비자를 면제받는 기간에 포함됨에 따라, 비자 없이 영국에서 체류하는 것이 가능하다.

다음으로 이탈리아에서도 마찬가지로 모든 여권에 대해서 90일 동안 비자를 면제한다. 그런데 2009년 5월 1일부터 같은 해 8월 15일까지는, 5월이 31일까지고 6월이 30일까지며 7월이 31일까지이므로 총 107일이나 된다. 그렇다면 비자가 면제될 수 없으므로, 유리가 비자 없이 체류했었다는 진술은 거짓이다.

④ (○) 용훈 : 외교관 여권을 가지고 같은 기간을 A국에서 체류하더라도 이집트 외교
관은 비자를 발급받아야 하지만, 파키스탄 외교관은 비자를 발급받지
않아도 되는 경우가 있겠군.

→ 비자면제협정은 상호적인 규정이므로, 상대국에서 A국으로 들어오는 경우라도 비자가 면제되는 경우가 있다. 이집트의 경우 90일 동안 비자가 면제되고, 파키스탄의 경우 3개월 동안 비자가 면제된다. 그런데 3개월은 그 기간이 어느 달에 걸쳐있는지에 따라서 정확한 날짜수가 달라진다. 예를 들어 3월 1일부터 5월 31일까지의 3개월은, 3월이 31일까지고 4월이 30일까지며 5월이 31일까지이므로, 총 92일이나 된다. 따라서 91일이나 92일 동안 체류하는 경우에는, 이집트 외교관은 비자를 발급받아야 하지만 파키스탄 외교관은 비자를 발급받지 않아도 되는 경우가 발생한다. 따라서 옳은 진술이다.

> 그런데 만약 2월 1일부터 4월 30일까지의 3개월이라면, 2월이 보통 28일까지고 3월이 31일까지며 4월이 30일까지이므로, 총 89일이 되어 오히려 90일보다 짧아진다. 그렇다면 같은 기간을 A국에서 체류하더라도 이집트 외교관은 비자를 발급받지 않아도 되지만 파키스탄 외교관은 비자를 발급받아야 하는 경우도 있을 수 있다.

⑤ (×) 예리 : 관용 여권을 가지고 2010년 5월 5일부터 같은 해 5월 10일까지 파키스
탄을 방문했던 A국 국회의원은 비자를 취득해야 했었겠군.

→ 파키스탄에서는 3개월 동안 비자를 면제하지만, 2008년 10월 1일부터 일반 여권 소지자에 대해서만 비자면제협정을 일시정지하고 있다. 그런데 A국 국회의원은 관용 여권을 가지고 2010년 5월 5일부터 같은 해 5월 10일까지 엿새 동안 체류하였으므로, 비자를 취득하지 않았어도 된다.

POINT

 다음 글을 근거로 판단할 때, 2015년 9월 15일이 화요일이라면 2020년 이후 A국 ○○축제가 처음으로 18일 동안 개최되는 해는? (단, 모든 날짜는 양력 기준이다)
[16(4)34]

1년의 개념은 지구가 태양을 한 바퀴 도는 데에 걸리는 시간으로, 그 시간은 정확히 365일이 아니다. 실제 그 시간은 365일보다 조금 긴 약 365.2422일이다. 따라서 다음과 같은 규칙을 순서대로 적용하여 1년이 366일인 윤년을 정한다.

규칙 1 : 연도가 4로 나누어 떨어지는 해는 윤년으로 한다. (2004년, 2008년, …)

규칙 2 : '규칙 1'의 연도 중에서 100으로 나누어 떨어지는 해는 평년으로 한다. (2100년, 2200년, 2300년, …)

규칙 3 : '규칙 2'의 연도 중에서 400으로 나누어 떨어지는 해는 윤년으로 한다. (1600년, 2000년, 2400년, …)

※ 평년 : 윤년이 아닌, 1년이 365일인 해

 A국 ○○축제는 매년 9월 15일이 지나고 돌아오는 첫 번째 토요일에 시작하여 10월 첫 번째 일요일에 끝나는 일정으로 개최한다. 다만 10월 1일 또는 2일이 일요일인 경우, 축제를 A국 국경일인 10월 3일까지 연장한다. 따라서 축제는 최단 16일에서 최장 18일 동안 열린다.

① 2021년
② 2022년
③ 2023년
④ 2025년
⑤ 2026년

시험장 풀이법

10월 1일이 일요일인 경우, 이틀이 연장된다.
즉, 2020년 이후로 10월 1일이 일요일이 되는 해를 찾아야 한다.

〈2015년 9~10월 달력 일부〉

일	월	화	수	목	금	토
		9/15				
		22				
		29	30	10/1		

그런데 1년 = 365일 = 7일 × 52(주) + 1일이다.
즉, 매년 같은 날짜의 요일은 하루씩이 밀린다.
그런데 윤년일 경우(1년 = 366일)에는 하루가 더 있는 셈이므로 요일이 이틀이 밀린다.

〈각 연도 10월 1일의 요일〉

연도	2016	2017	2018	2019	2020	2021	2022	2023
요일	토	일	월	화	목	금	토	일

그런데 위와 같은 계산은 날짜가 10월 1일이기 때문에 성립하는 것이다. 그것은 윤년에 추가되는 하루가 2월의 마지막 날이기 때문이다.

즉, 2월 29일이 새로 생김으로써 그 해 3월 1일부터 12월 31일까지는 하루 밀리던 요일이 이틀이 밀리게 되는 것이다. 그런데 1월 1일부터 2월 28일까지는 윤년이 되어도 아직 하루가 추가되지 않은 시점이기 때문에, 평년과 마찬가지로 요일이 그저 하루만 밀릴 뿐이다. 대신 윤년 다음 해의 1월 1일부터 2월 28일까지의 요일이 이틀이 밀린다. 그것은 당연히 윤년에 2월 29일이 추가되는 여파(餘波)에 의한 것이다.

결론적으로 윤년이 되는 해의 3월 1일부터 그 다음 해의 2월 28일까지는 요일이 이틀이 밀린다고 보면 된다.

다음은 갑 사무관이 책상을 정리하다 발견한 2011년도 2월의 달력이다. 다음 〈상황〉에 근거할 때, 2012년과 2013년의 일정으로 언급되지 않은 요일은?

[17대비모의9회23]

2011년 2월						
일	월	화	수	목	금	토
		①	2	3	4	5
6	7	8	9	10	11	12
13	14	15	16	17	18	19
20	21	22	23	24	25	26
27	28					

─────── | 상 황 | ───────

○ 갑 사무관은 A 대학교 출신으로, A 대학교는 매년 한 번씩 총동문회를 개최한다.
○ 2011년의 A 대학교 총동문회 날짜는 달력에 ○로 표시해 두었다.
○ 총동문회는 매년 2월에서 4월 사이에 개최된다.
○ 2012년의 총동문회는 2011년의 일정보다 3일 늦게 개최되었다.
○ 2013년의 총동문회는 3월 7일에 개최되었다.
○ □로 표시한 날은 갑 사무관의 생일이다.
○ 2012년과 2013년에 갑 사무관은 생일에 친구들을 만나 파티를 하였다.
○ 2012년은 윤년이었으며, 윤년은 4년에 한 번씩이다.

① 수요일
② 목요일
③ 금요일
④ 토요일
⑤ 일요일

시험장 풀이법

1년은 365일이므로 7로 나누면 1이 남는다. 따라서 2011년 2월 1일이 화요일이었으면 2012년의 2월 1일은 수요일이다.

2012년은 윤년이므로 2012년 2월 1일에서 2013년 2월 1일까지는 366일이다. 따라서 2013년 2월 1일은 2012년 2월 1일 수요일에서 요일이 2일 밀린 금요일이다.

2013년 2월은 28일이다. 28은 7로 나누어떨어지기 때문에 2월 1일과 3월 1일의 요일은 금요일로 같다. 그리고 3월 7일은 그로부터 6일 후이므로 목요일이 된다.

2012년의 총동문회는 2011년의 일정에서 3일 후인 2월 4일로 토요일, 2013년의 총동문회는 3월 7일로 목요일이다.

2011년의 갑 사무관의 생일인 2월 17일은 목요일이고, 2012년의 2월 17일은 요일이 하루 밀린 금요일이고, 2013년의 2월 17일은 요일이 이틀 밀린 일요일이 된다.

따라서 목요일(2013년 총동문회), 금요일(2012년 생일), 토요일(2012년 총동문회), 일요일(2013년 생일)이 언급되었다.

 다음 〈상황〉을 근거로 판단할 때, 외계인 D가 21세기 동안 자신의 행성으로 돌아가려고 시도한 횟수는? [17대비 모의4회14]

1년의 개념은 지구가 태양을 한 바퀴 도는 데에 걸리는 시간으로, 그 시간은 정확히 365일이 아니다. 실제 그 시간은 365보다 조금 긴 약 365.2422일이다. 따라서 다음과 같은 규칙을 순서대로 적용하여 1년이 366일인 윤년을 정한다.

규칙 1 : 연도가 4로 나누어 떨어지는 해는 윤년으로 한다. (2004년, 2008년, …)
규칙 2 : '규칙 1'의 연도 중에서 100으로 나누어 떨어지는 해는 평년으로 한다. (2100년, 2200년, 2300년, …)
규칙 3 : '규칙 2'의 연도 중에서 400으로 나누어 떨어지는 해는 윤년으로 한다. (1600년, 2000년, 2400년, …)

※ 평년:윤년이 아닌, 1년이 365일인 해

| 상 황 |
○ 200년 전 지구에 불시착한 외계인 D군은 2월에 하나의 요일이 다섯 번 있는 해이면서 그 해가 7의 배수인 해에만 자신의 행성으로 돌아가는 길이 열리며, 그 길이 자신의 행성으로 돌아갈 수 있는 유일한 방법이다.
○ D군은 자신의 행성에 돌아갈 수 있는 기회가 있을 때마다 돌아가려고 시도를 하려고 한다.
○ D군은 결국 22세기의 첫 번째 시도에서 자신의 행성으로 돌아갈 수 있었다.
○ 서기 0년은 없다.

※ 단, 현재의 시점은 2148년이다.

① 3번
② 4번
③ 10번
④ 11번
⑤ 15번

시험장 풀이법

2월에 하나의 요일이 다섯 번 있다는 것은 그 달이 28일이 아닌 29일까지 있다는 뜻이고, 즉 그 해는 윤년이 된다. 윤년은 4년에 한 번씩 돌아오고, 윤년이면서 7의 배수인 해는 $28(=4\times7)$년을 주기로 돌아오게 된다.

서기 0년은 없으므로(실제로도 그러하다.), 각 1년부터 각 100년까지가 한 세기가 된다. 즉, 21세기는 2001년부터 2100년까지다. 그런데 2100년이 7의 배수이고, 그로부터 28년을 주기로 거슬러 올라가면 2072년, 2044년, 그리고 2016년이 바로 D군이 자신의 행성에 돌아가려는 시도를 한 해가 된다. 2100년은 윤년이 아니라서 시도를 할 수가 없고, 결국 21세기 동안에 총 3번을 시도하게 된다.

P u b l i c   S e r v i c e   A p t i t u d e   T e s t

제3장

시차 계산 문제

△△년 5월 10일 A시의 일출 시각은 A시의 시각으로 05:30 이다. 다음 〈조건〉을 근거로 판단할 때, △△년 5월 12일 B시의 일출 시각은 B시의 시각으로 몇 시인가? (단, 아래 〈조건〉 외의 다른 요인은 고려하지 않는다) [12인34]

| 조 건 |

○ 지구는 매 시간마다 15도씩 서에서 동으로 자전한다.
○ A시는 동경 125도에 위치하고, 동경 135도의 표준시※를 사용한다(동경 125도: 지구의 본초 자오선을 기준으로 동쪽으로 125도인 선).
○ B시는 동경 115도에 위치하고, 동경 105도의 표준시를 사용한다.
○ △△년 5월 A시와 B시의 일출 시각은 매일 2분씩 빨라진다.

※ 표준시: 경도를 달리하는 각지 사이의 시차를 통일하려고 일정한 지점의 시각을 그 근처에 있는 일정한 구역 안의 표준으로 하는 시각

① 04:06
② 04:10
③ 05:06
④ 07:26
⑤ 07:34

시험장 풀이법

해는 동쪽에서 뜨므로, 동쪽에 위치할수록 표시하는 시간이 빠를 수밖에 없다. 그런데 〈조건〉에서 위치와 표준시가 일치하지 않는다고 하므로, 이 부분에 대하여 정확하게 이해하여야 한다.

A시는 B시에 비해 위치상 10도 더 동쪽에 있지만, 표준시는 30도 더 동쪽에 있음. 결국 A시와 B시의 위치와 관계없이, A시의 시각이 B시의 시각보다 정확히 두 시간이 빠르다.

그러나 일출 혹은 일몰 시각은 위치로 결정된다. 단지 어느 도시의 시각으로 표시하느냐에 따라 구체적인 시각이 달라질 뿐이다.

A시가 B시에 비해 위치상 10도 더 동쪽에 있다면, A시가 B시에 비해 일출 시각이 2/3시간, 즉 40분이 빠를 것이다.

△△년 5월 10일 A시의 일출 시각은 A시의 시각으로 05:30이다. 그렇다면 △△년 5월 12일 A시의 일출 시각은 A시의 시각으로 05:26이 된다.

그렇다면 △△년 5월 12일 B시의 일출 시각은 A시의 시각으로 05:26보다 40분 늦은 06:06이고, 이를 B시의 시각으로 나타내면 두 시간이 빨라지므로 04:06이다.

예제26 다음 그림과 〈상황〉에 근거할 때, K사무관이 한국에서 출발하여 파리에 도착했을 때 현지시각으로 알맞은 것을 고르면? [17대비 모의3회38]

─ | 상 황 | ─

○ 위 그림에서 주어진 시각은 현지에서 출발하여 우리나라 인천공항에 도달하기까지의 비행시간을 나타낸 것이다.
○ 지구는 매 시간마다 15도씩 서에서 동으로 자전한다.
○ 서울은 동경 125도에 위치하고, 동경 135도의 표준시를 사용한다.
○ 파리는 동경 5도에 위치하고 동경 15도의 표준시를 사용한다.
○ 비행고도의 제트기류의 영향으로 바람에 맞서 비행을 하는 경우에는 바람을 등지고 비행할 때의 시간보다 1.2배의 시간이 소요된다.
○ K사무관은 한국에서 2014년 2월 21일 16시 정각에 출발하는 비행기에 탑승하였다.

※ 제트기류 : 중위도 지방의 고도 10,000미터 성층권 부근에서 수평축을 따라 서쪽으로부터 흐르는 매우 빠른 속도의 바람.
※ 서울과 파리는 중위도 지방에 속한다.
※ 단, 지구의 자전으로 인한 비행거리 및 비행시간에의 영향 등 문제에서 제시되지 않은 조건들에 의한 영향은 배제한다.

① 2014년 2월 21일 20시 00분
② 2014년 2월 21일 22시 24분
③ 2014년 2월 22일 04시 00분
④ 2014년 2월 22일 06시 24분
⑤ 2014년 2월 21일 21시 24분

시험장 풀이법

서울은 동경 135도의 표준시를 사용하고, 파리는 동경 15도의 표준시를 사용하는바, 8시간의 시차가 난다. 그리고 제트기류의 영향으로 한국 → 파리로의 비행은 파리 → 한국으로의 비행시간의 1.2배 시간이 소요된다.

K 사무관은 2014년 2월 21일 16시 정각에 출발하는 비행기에 탑승하였으므로, 다음과 같다.

한국 기준	파리 기준
2014년 2월 21일 16시 출발	2014년 2월 21일 08시
↓↓	
12시간 × 1.2 = 14시간 24분 소요	
↓↓	
2014년 2월 22일 06시 24분	2014년 2월 21일 22시 24분

 다음 글과 〈자료〉에 근거할 때 뎁포드호의 항해경로를 〈그림〉에서 바르게 표시한 것은?

[입13가34]

위도(緯度, Latitude)와 경도(經度, Longitude)는 지구상에 그어진 가상의 선으로 지구 위 한 점의 위치를 나타내는 기준이 된다. 위도는 적도를 기준으로 하여 양 극점으로 갈수록 그 값이 커지게 되는데 적도는 위도 0°, 북극점은 북위 90°, 남극점은 남위 90°가 된다. 경도는 위도와 수직으로 교차하는 선으로서 기준이 되는 선(본초자오선, 영국의 그리니치 천문대를 지나는 선)이 0°가 되며, 본초자오선을 기준으로 동쪽으로 180°, 서쪽으로 180° 즉 총합 360°가 된다. 지구의 자전주기는 24시간으로 24시간에 360° 자전하게 되므로 경도 15°는 1시간의 시차를 두게 된다. 예를 들어, 본초자오선을 기준으로 하여 동경 60°의 지점은 경도 0°에 비하여 4시간이 빠르고, 서경 60°의 지점은 4시간이 느리게 된다.

17세기 정확한 지도와 나침반을 사용함에도 불구하고 선장들이 항해 중에 길을 잃는 경우가 많았다. 이는 대양 한가운데에서 배의 정확한 위치를 알기 어렵기 때문이었다. 1714년 영국 정부는 항해 중에 오차범위 0.5° 이내로 정확한 경도를 알아낼 수 있는 사람에게 상금을 준다고 선언했다. 이에 영국의 존 해리슨은 정확한 시계가 그 해답이라고 생각해서 항해용 크로노미터를 만들었고 결국 1773년 영국 정부의 상금을 받게 되었다.

위도를 측정하는 방법은 단순하다. 측정지점에서 수평선으로부터 북극성의 각도(h)를 측정하면 그 값은 측정지점의 위도(a)와 같다. 따라서 북극성의 각도가 해당 지점의 위도가 된다.

경도를 측정하는 방법은 경도의 기준선인 본초자오선과 측정지점의 시간차를 이용하는 것이다. 존 해리슨의 방법은 항해하는 배 안에 본초자오선인 영국의 그리니치 기준시를 가리키는 정확한 시계를 두고 측정지점의 정오에 그 시계가 몇시를 가리키는가를 고려하는 방법이다. 예를 들어, 측정지점의 정오(낮 12시)에 영국의 그리니치 기준시가 오후 3시라면 측정지점은 서경 45°의 지점이라는 의미가 된다.

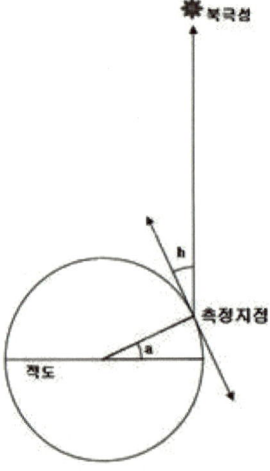

퀴즈퍼즐 99

〈자료: 뎁포드호의 항해〉

뎁포드호에는 선장을 비롯하여 58명의 선원이 탑승하고 있다. 그 중 월리스는 일등항해사로 15년의 항해 경력을 자랑하는 베테랑 선원이다. 뎁포드호는 갑작스러운 풍랑을 만나 항로에서 이탈하여 사흘 간 표류하고 있는 중이다. 월리스는 항로에 재진입하기 위하여 위치를 측정하였는데 측정시 기준으로 수평선과 북극성은 45°의 각도를 이루고 있으며, 다음 날 정오에 배 내부에 설치되어 있는 항해용 크로노미터는 본초자오선 기준시 오후 1시 20분을 가리키고 있었다. 월리스는 현재 위치를 선장에게 보고하였고 선장은 항로를 변경하여 운항하였다. 그로부터 보름이 경과한 현재 위치에서 다시 위도와 경도를 관측한 결과 북극성은 수평선과 30°의 각도를 이루고 있으며, 다음 날 정오에 크로노미터는 본초자오선 기준시 오후 4시를 가리키고 있었다.

〈그림: 뎁포드호의 항해경로〉

※ W는 서경, E는 동경을 의미한다.

① A → C
② A → J
③ B → C
④ B → D
⑤ B → I

시험장 풀이법

우선 측정지점에서 수평선으로부터 북극성이 위치하는 각도를 측정하였을 때 나오는 값이 측정지점의 위도와 같다고 하는데, 윌리스가 처음 측정하였을 때 수평선과 북극성은 45°의 각도를 이루고 있었다고 하므로 당시의 위도가 45°였음을 알 수 있다. 그렇다면 위도 30°와 60°사이인 A 또는 B가 그 후보지가 될 것이다.

다음 날 정오에 항해용 크로노미터가 본초자오선 기준시 오후 1시 20분을 가리키고 있었다면 시간대가 한 시간 20분 정도 차이가 나는 것이므로, 본초자오선 기준시로부터 15°~30° 범위 안에 위치하고 있었다는 뜻이 된다. 그렇다면 A보다는 B에 가깝다.

보름이 경과한 후에는 위도가 30°로 변하였으므로 C, D, E 중의 한 곳이 될 터이고, 시간대가 본초자오선 기준시와 네 시간이 차이난다면 경도상 60° 지점이라는 뜻이다. 따라서 C 지점으로 이동하였음을 알 수 있다.

POINT

Public Service Aptitude Test

제4장
가중치를 부여하는 문제

 다음 글과 〈평가 결과〉를 근거로 판단할 때, 〈보기〉에서 옳은 것만을 모두 고르면?

[민16(5)19]

X국에서는 현재 정부 재정지원을 받고 있는 복지시설(A~D)을 대상으로 다섯 가지 항목(환경개선, 복지관리, 복지지원, 복지성과, 중장기 발전계획)에 대한 종합적인 평가를 진행하였다.

평가점수의 총점은 각 평가항목에 대해 해당 시설이 받은 점수와 해당 평가항목별 가중치를 곱한 것을 합산하여 구하고, 총점 90점 이상은 1등급, 80점 이상 90점 미만은 2등급, 70점 이상 80점 미만은 3등급, 70점 미만은 4등급으로 한다.

평가 결과, 1등급 시설은 특별한 조치를 취하지 않으며, 2등급 시설은 관리 정원의 5%를, 3등급 이하 시설은 관리 정원의 10%를 감축해야 하고, 4등급을 받으면 정부의 재정지원도 받을 수 없다.

〈평가 결과〉

평가항목 (가중치)	A시설	B시설	C시설	D시설
환경개선 (0.2)	90	90	80	90
복지관리 (0.2)	95	70	65	70
복지지원 (0.2)	95	70	55	80
복지성과 (0.2)	95	70	60	60
중장기 발전계획 (0.2)	90	95	50	65

― | 보 기 | ―

ㄱ. A시설은 관리 정원을 감축하지 않아도 된다.
ㄴ. B시설은 관리 정원을 감축해야 하나 정부의 재정지원은 받을 수 있다.
ㄷ. 만약 평가항목에서 환경개선의 가중치를 0.3으로, 복지성과의 가중치를 0.1로 바꾼다면 C시설은 정부의 재정지원을 받을 수 있다.
ㄹ. D시설은 관리 정원을 감축해야 하고 정부의 재정지원도 받을 수 없다.

① ㄱ, ㄴ
② ㄴ, ㄹ
③ ㄷ, ㄹ
④ ㄱ, ㄴ, ㄷ
⑤ ㄱ, ㄷ, ㄹ

시험장 풀이법

ㄱ. (○) A시설은 관리 정원을 감축하지 않아도 된다.

→ 관리 정원을 감축하여야 하는 시설은 2등급 이하의 시설이다. 즉, 총점 90점 미만의 시설은 관리 정원을 감축하여야 한다. 그런데 A시설은 각 평가항목에 대해 받은 점수가 모두 90점 이상이므로, 총점, 즉 각 평가항목에 대해 해당 시설이 받은 점수와 해당 평가항목별 가중치를 곱한 것을 합산한 가중평균 또한 90점 이상이다. 따라서 관리 정원을 감축하지 않아도 된다.

ㄴ. (○) B시설은 관리 정원을 감축해야 하나 정부의 재정지원은 받을 수 있다.

→ 관리 정원을 감축하여야 하는 시설은 2등급 이하의 시설이고, 정부의 재정지원을 받을 수 있는 시설은 3등급 이상의 시설이다. 즉, 총점이 70점 이상 90점 미만인지를 묻는 것이다. B시설은 각 평가항목에 대해 받은 점수의 최솟값이 70점이므로 가중평균이 70점 이상일 것이고, 70점짜리 평가항목이 세 가지나 되는 데 반해 다른 두 항목의 점수가 90점과 95점에 불과하므로 가중평균은 90점 미만이 될 것이다.

ㄷ. (×) 만약 평가항목에서 환경개선의 가중치를 0.3으로, 복지성과의 가중치를 0.1로 바꾼다면 C시설은 정부의 재정지원을 받을 수 있다.

→ 재정지원을 받으려면 3등급, 즉 총점 70점 이상을 받아야 하는데, C시설은 평가항목 대부분이 70점 미만이다. 따라서 가중치를 약간 조정한다고 해서 가중평균 값에 의미 있는 변화를 가져오지는 않는다. 따라서 C시설은 여전히 정부의 재정지원을 받을 수 없다.

ㄹ. (×) D시설은 관리 정원을 감축해야 하고 정부의 재정지원도 받을 수 없다.

→ D시설의 총점이 70점 미만인지를 묻고 있다. 그러나 가중평균 값은 70점이 넘는다. 따라서 정부의 재정지원은 받을 수 있다.

 다음 글을 근거로 판단할 때, A시가 '창의 테마파크'에서 운영할 프로그램은?

[16(4)37]

> A시는 학생들의 창의력을 증진시키기 위해 '창의 테마파크'를 운영하고자 한다. 이를 위해 다음과 같은 프로그램을 후보로 정했다.
>
> | 분야 | 프로그램명 | 전문가 점수 | 학생 점수 |
> |---|---|---|---|
> | 미술 | 내 손으로 만드는 동물 | 26 | 32 |
> | 인문 | 세상을 바꾼 생각들 | 31 | 18 |
> | 무용 | 스스로 창작 | 37 | 25 |
> | 인문 | 역사랑 놀자 | 36 | 28 |
> | 음악 | 연주하는 교실 | 34 | 34 |
> | 연극 | 연출노트 | 32 | 30 |
> | 미술 | 창의 예술학교 | 40 | 25 |
> | 진로 | 항공체험 캠프 | 30 | 35 |
>
> ○ 전문가와 학생은 후보로 선정된 프로그램을 각각 40점 만점제로 우선 평가하였다.
> ○ 전문가 점수와 학생 점수의 반영 비율을 3:2로 적용하여 합산한 후, 하나밖에 없는 분야에 속한 프로그램에는 취득점수의 30%를 가산점으로 부여한다.
> ○ A시는 가장 높은 점수를 받은 프로그램을 최종 선정하여 운영한다.

① 연주하는 교실
② 항공체험 캠프
③ 스스로 창작
④ 연출노트
⑤ 창의 예술학교

시험장 풀이법

전문가 점수와 학생 점수의 반영 비율이 3:2라는 것은, 전문가 점수가 더 중요함을 의미한다. 구체적으로는, 반영 비율이 3:2이므로 실제 점수가 2:3의 비율을 가질 때 동일하게 반영된다는 것이다.

전문가 점수가 높은 프로그램을 찾아보면, '스스로 창작', '역사랑 놀자', '창의 예술학교' 등이 눈에 띈다. 그리고 '연주하는 교실'이 학생 점수에서도 높은 점수를 받아 고득점할 것이다.

그런데 하나밖에 없는 분야에 속한 프로그램에는 취득점수의 30%를 가산점으로 부여하므로, 분야를 선별해 보아야 한다. 분야 중에서는 미술과 인문만이 중복되고, 무용·음악·연극·진로의 경우 각 하나씩의 프로그램만 존재한다. 따라서 고득점 후보 중에서는 '스스로 창작'과 '연주하는 교실'이 가산점을 받게 된다.

'스스로 창작'은 가산점을 고려하면 '역사랑 놀자'보다 확실하게 우위에 서지만, '연주하는 교실'보다 학생 점수가 크게 낮다. '연주하는 교실'과 '창의 예술학교'는 가산점 부여 전 점수가, 전문가 점수에서는 '창의 예술학교'가 6점 앞서고 학생 점수에서는 '연주하는 교실'이 9점 앞선다. 점수 반영 비율상 두 프로그램은 합산 점수가 동일할 것이나, '연주하는 교실'이 가산점을 받게 되므로 가장 높은 점수를 기록할 수밖에 없다.

예제30 A회사는 甲, 乙, 丙 중 총점이 가장 높은 업체를 협력업체로 선정하고자 한다. 〈업체 평가기준〉과 〈지원업체 정보〉를 근거로 판단할 때, 〈보기〉에서 옳은 것만을 모두 고르면? [14A13]

| 업체 평가기준 |

〈평가항목과 배점비율〉

평가항목	품질	가격	직원규모	계
배점비율	50%	40%	10%	100%

〈가격 점수〉

가격 (만 원)	500 미만	500~549	550~599	600~649	650~699	700 이상
점수	100	98	96	94	92	90

〈직원규모 점수〉

직원 규모 (명)	100 초과	100~91	90~81	80~71	70~61	60 이하
점수	100	97	94	91	88	85

※ 품질 점수의 만점은 100점으로 한다.

〈지원업체 정보〉

업체	품질 점수	가격(만 원)	직원규모(명)
甲	88	575	93
乙	85	450	95
丙	87	580	85

| 보 기 |

ㄱ. 총점이 가장 높은 업체는 乙이며 가장 낮은 업체는 丙이다.
ㄴ. 甲이 현재보다 가격을 30만 원 더 낮게 제시한다면, 乙보다 더 높은 총점을 얻을 수 있을 것이다.
ㄷ. 丙이 현재보다 직원규모를 10명 더 늘린다면, 甲보다 더 높은 총점을 얻을 수 있을 것이다.
ㄹ. 丙이 현재보다 가격을 100만 원 더 낮춘다면, A회사는 丙을 협력업체로 선정할 것이다. ㄱ.총점이 가장 높은 업체는 乙이며 가장 낮은 업체는 丙이다.

① ㄱ, ㄴ ② ㄱ, ㄹ ③ ㄴ, ㄷ
④ ㄷ, ㄹ ⑤ ㄱ, ㄴ, ㄹ

시험장 풀이법

〈평가항목과 배점비율〉을 살펴보면, 우선 직원규모는 배점비율이 10%에 불과하므로 고려할 가치가 지극히 낮음을 알 수 있다. 따라서 실질적으로는 품질 점수와 가격 점수만을 비교하면 된다. 甲과 乙의 경우, 품질 점수는 현재 3점을 甲이 앞서고 있고, 甲이 현재보다 가격을 30만 원 더 낮게 제시한다면 545만 원을 제시하는 셈이어서 450만 원을 제시한 乙에 2점을 뒤진다. 그런데 배점비율이 품질 점수가 가격 점수보다 높으므로, 당연히 甲이 더 높은 총점을 얻을 것이다.

甲과 丙은, 품질 점수에서 1점의 차이를 보이고 있고, 가격 점수는 동일하며, 丙이 직원규모를 10명 더 늘린다면 똑같이 90명대가 되어 직원규모 점수도 같아진다. 그렇다면 丙은 품질 점수 차를 극복하지 못하게 되므로, 甲이 더 높은 총점을 얻게 된다. 이에 따라 총점이 가장 높은 업체는 乙이며 가장 낮은 업체는 丙이라는 결론이 자연스레 도출된다.

현재 총점이 가장 높은 업체가 乙이므로, 丙이 협력업체로 선정되려면 乙보다 점수가 높아야 한다. 丙은 乙보다 품질 점수에서 2점을 앞서는데, 丙이 현재보다 가격을 100만 원 더 낮춘다면 가격 점수가 동일해진다. 앞서 살핀 바와 같이 직원규모 점수는 고려할 바가 아니므로, 丙이 乙보다 점수가 높아짐을 확인할 수 있다.

정답 ⑤

Public Service Aptitude Test

제5장
수식이 제시되는 문제

 **예제31** ▶ 다음 글에 근거할 때 옳은 것을 〈보기〉에서 모두 고르면? [입12가08]

> 국민연금 가입자는 본인 기준소득월액의 9%를 보험료로 지불한다. 사업장가입자는 본인과 사용자가 기준소득월액의 4.5%에 해당하는 금액을 각각 부담하고, 지역가입자는 본인이 기준소득월액의 9%에 해당하는 금액을 모두 부담한다.
>
> 한편 60세가 되었을 때 연금급여를 받게 되는데, 연금급여를 계산하는 방법은 다음과 같다.
>
> 연금산정 기준 (20년 가입 시 급여수준이 평균소득액의 25%인 경우)
>
> $$\text{기본연금액} = 1.5 \times (A + B) \times (1 + 0.05 \times \frac{n}{12})$$
>
> A : 연금수급 전 3년간 전체가입자의 평균소득월액
> B : 가입자 개인의 가입기간 중 평균소득월액
> n : 가입기간 20년 초과월수

――――――| 보 기 |――――――

ㄱ. 평균소득월액이 같더라도 사업장가입자는 지역가입자보다 보험료 대비 기본연금액이 더 많다.
ㄴ. 기본연금액 계산식에서 B부분은 A부분보다 소득재분배 기능을 더 많이 한다.
ㄷ. 본인의 평균소득월액이 전체가입자의 평균소득월액보다 적은 사람은 본인의 보험료에 비해 지급받는 기본연금액이 많다.
ㄹ. 동일인의 경우 가입기간이 40년일 때의 기본연금액은 가입기간이 20년일 때의 기본연금액의 2배 미만이다.

① ㄱ, ㄴ, ㄷ　　　　　② ㄱ, ㄷ
③ ㄱ, ㄷ, ㄹ　　　　　④ ㄴ, ㄷ, ㄹ
⑤ ㄴ, ㄹ

시험장 풀이법

ㄱ. (○) 평균소득월액이 같더라도 사업장가입자는 지역가입자보다 보험료 대비 기본 연금액이 더 많다.

→ 사업장가입자의 보험료가 본인이 부담하는 4.5%만을 의미한다고 본다면 그 액수는 지역가입자의 보험료의 절반에 불과하므로, 평균소득월액, 즉 (A+B) 부분이 같다 하더라도 보험료 대비 기본연금액은 사업장가입자가 더 많을 수 밖에 없다.

ㄴ. (×) 기본연금액 계산식에서 B부분은 A부분보다 소득재분배 기능을 더 많이 한다.

→ A는 전체가입자의 평균소득월액이고 B는 가입자 개인의 평균소득월액이다. B는 자신이 기여한 만큼이 반영되는 것이지만 A는 본인뿐 아니라 다른 가입자의 기여분이 반영되는 것이므로, A부분이 소득재분배 기능을 하는 것이라고 보아야 한다.

ㄷ. (○) 본인의 평균소득월액이 전체가입자의 평균소득월액보다 적은 사람은 본인의 보험료에 비해 지급받는 기본연금액이 많다.

→ A의 소득재분배 기능 때문에, (A+B)를 함으로써 가입자들 간에 기본연금액 수준의 차이가 줄어들게 된다. 따라서 본인의 평균소득월액이 전체가입자의 평균소득월액보다 적은 사람은 B보다 큰 A를 보장받음으로써 보험료 대비 기본연금액이 많아지게 된다.

ㄹ. (×) 동일인의 경우 가입기간이 40년일 때의 기본연금액은 가입기간이 20년일 때의 기본연금액의 2배 미만이다.

→ 20년 사이에 (A+B) 부분에 변화가 없다 하더라도, 가입기간이 40년일 때의 기본연금액은 $1.5 \times (A+B) \times (1+0.05 \times 20)$이고 가입기간이 20년일 때의 기본연금액은 $1.5 \times (A+B) \times 1$이므로, 정확히 2배가 차이 나게 된다. 시간 경과에 따라 (A+B) 부분이 변한다면, 그 차이는 더 커질 수도 있다.

예제32 ▶ 다음 글을 근거로 판단할 때, 〈보기〉에서 옳은 것만을 모두 고르면? [16(4)09]

○○국에서는 배구가 인기 스포츠이고 매년 1월 프로배구 결승전이 5전 3선승제로 열려 우승팀을 가린다. 단, 각 경기에서 무승부는 존재하지 않는다. 올해는 甲팀과 乙팀이 결승전에 진출하자, 다음과 같은 기사가 나왔다.

> 1차전 승리한 팀의 우승확률 A%!!
> 1·2차전 모두 승리한 팀의 우승확률 B%!!
> －△△일보－

위와 같은 기사에 흥미를 느낀 누리는 △△일보 기자에게 우승확률을 어떻게 산출하였는지 물었다. 기자는 과거 20년간 매년 치러진 결승전의 모든 진출팀들과 결승전 결과를 아래와 같은 계산식에 적용하였다고 대답하였다.

$$A = \frac{\text{1차전 승리한 팀이 우승한 횟수}}{\text{1차전 승리한 팀이 우승한 횟수} + \text{1차전 패배한 팀이 우승한 횟수}} \times 100$$

$$B = \frac{\text{1차전 승리한 팀이 우승한 횟수}}{\text{1·2차전 모두 승리한 팀이 우승한 횟수} + \text{1·2차전 모두 패배한 팀이 우승한 횟수}} \times 100$$

─────── | 보 기 | ───────
ㄱ. A를 구하는 계산식의 분모는 20이다.
ㄴ. A와 B 모두 50보다 작을 수는 없다.
ㄷ. A>B가 될 수는 없다.
ㄹ. △△일보 기사에 따르면, 1·2차전을 모두 패배한 팀의 우승확률은 (100－B)%이다.

① ㄱ, ㄷ
② ㄱ, ㄹ
③ ㄴ, ㄷ
④ ㄱ, ㄴ, ㄹ
⑤ ㄱ, ㄷ, ㄹ

시험장 풀이법

ㄱ. (○) A를 구하는 계산식의 분모는 20이다.

→ 기자는 과거 20년간 매년 치러진 결승전의 결과를 반영하였다. A를 구하는 계산식의 분모는 (1차전 승리한 팀이 우승한 횟수+1차전 패배한 팀이 우승한 횟수)인데, 두 팀이 맞붙으면서 무승부가 존재하지 않는 경기를 치르는 가운데 1차전을 승리한 팀과 패배한 팀이 있게 마련이고 그 두 팀 중의 한 팀이 반드시 우승하게 되어 있으므로, A를 구하는 계산식의 분모는 반드시 20이 된다.

ㄴ. (×) A와 B 모두 50보다 작을 수는 없다.

→ 총 20번의 결승전 중, 1차전 승리한 팀이 우승한 횟수가 절반이 되지 않을, 즉 A의 값이 50보다 작을 가능성은 얼마든지 열려 있다. 마찬가지로, 한 팀이 1·2차전 모두 승리한 경우가 몇 번 있었는지는 알 수 없지만, 그러한 몇 번의 경우 중 1·2차전 모두 승리한 팀이 우승한 횟수가 절반이 되지 않을, 즉 B의 값이 50보다 작을 가능성도 있다.

ㄷ. (×) A>B가 될 수는 없다.

→ 예를 들어 극단적으로 B의 값이 0인 경우를 생각해 볼 수 있다. 이 때 1차전 승리한 팀이 우승한(더 정확히 말하자면 1차전을 승리하였지만 2차전에서는 패배한 팀이 우승한) 횟수가 단 한 번이라도 존재한다면 A>B가 된다.

ㄹ. (○) △△일보 기사에 따르면, 1·2차전을 모두 패배한 팀의 우승확률은 (100−B)%이다.

→ B가 1·2차전을 모두 승리한 팀의 우승확률을 나타내는 값이므로, 반대로 1·2차전을 모두 패배한 팀의 우승확률은 (100−B)%가 될 것이다.

 **다음 글과 〈조건〉에 따를 때, ○○부가 채택하기에 적합하지 않은 정책 대안은?**

[13인29]

○ 올해의 전력수급현황은 다음과 같다.
 - 총공급전력량 : 7,200만kW
 - 최대전력수요 : 6,000만kW
 이에 따라 ○○부는 내년도 전력수급기본계획을 마련하고, 정책목표를 다음과 같이 설정하였다.
 - 정책목표 : 내년도 전력예비율을 30% 이상으로 유지한다.

$$전력예비율(\%) = \frac{총공급전력량 - 최대전력수요}{최대전력수요} \times 100$$

― | 조 건 | ―

조건1 : 발전소를 하나 더 건설하면 총공급전력량이 100만 kW 증가한다.
조건2 : 전기요금을 α % 인상하면 최대전력수요는 α % 감소한다.

※ 발전소는 즉시 건설·운영되는 것으로 가정하고 이외의 다른 변수는 고려하지 않는다.

① 발전소를 1개 더 건설하고, 전기요금을 10% 인상한다.
② 발전소를 3개 더 건설하고, 전기요금을 3% 인상한다.
③ 발전소를 6개 더 건설하고, 전기요금을 1% 인상한다.
④ 발전소를 8개 더 건설하고, 전기요금을 동결한다.
⑤ 발전소를 더 이상 건설하지 않고, 전기요금을 12% 인상한다.

시험장 풀이법

정책목표를 달성하는 수단이 두 가지라는 점에 착안하여 문제를 해결할 수 있다.

일단 현재 상태 파악하는 것으로부터 시작하여야 한다.

$$\{(7{,}200만kW - 6{,}000만kW) / 6{,}000만kW\} \times 100$$
$$= (1{,}200/6{,}000) \times 100 = 20\%$$

다음으로 가장 단순하게 정책목표를 달성하는 방법을 생각해 본다.

(1) 총공급전력량만 변동시키는 경우

현재 상태에서 전력예비율을 10% 끌어올리면 되는데, 최대전력수요, 즉 6,000만kW의 10%는 600만kW이고 이는 발전소 6개를 건설하면 달성할 수 있는 수준임을 알 수 있다. 따라서 발전소 6개 이상을 건설하는 방안은 정책목표를 달성할 수 있다.

(2) 최대전력수요만 변동시키는 경우

예를 들어 위 (1)에서처럼 600만kW를 변동시키는 경우를 상정하면 접근이 조금 더 쉬워진다.

위 (1)에서는 최대전력수요, 즉 전력예비율 공식의 분모가 그대로였지만, 여기서는 분모가 작아지면서 분자는 동일하게 600만kW 증가한다. 즉, 다음과 같다는 것이다.

$$\frac{600만\ kW}{6{,}000만\ kW} < \frac{600만\ kW}{x\ kW}$$
$$(\because 6{,}000만 > x)$$

결국 최대전력수요를 600만kW 줄여도 정책목표를 달성할 수 있다는 결론에 이른다. 그런데 600만kW가 현재의 최대전력수요, 즉 6,000만kW의 10%다. 즉 전기요금을 10% 인상하면 최대전력수요가 600만kW 감소한다. 따라서 전기요금을 10% 이상 인상하는 방안은 정책목표를 달성할 수 있다.

 다음 글과 〈입찰가격 평가방법〉을 근거로 판단할 때, 〈보기〉에서 옳지 않은 것만을 모두 고르면?

[14A34]

> 甲사무관은 국제회의 행사대행 용역업체 선정을 위해 아래와 같이 입찰업체에 대한 평가를 하고자 한다.
> ○ 기술능력 평가와 입찰가격 평가의 합산점수가 가장 높은 업체가 우선협상 대상자가 된다.
> ○ 현재 A, B, C 업체에 대한 기술능력 평가가 끝나고, 입찰가격 평가만을 남겨두고 있다.
> ○ 발주기관이 당해 입찰에서 예상하는 추정가격은 4억 원이다.
>
> | 평가 항목 | | 배점 | 업체 | | |
> |---|---|---|---|---|---|
> | | | | A | B | C |
> | 기술능력 평가 | 제안서 평가 | 60 | 55 | 52 | 49 |
> | | 서면평가 | 20 | 14 | 18 | 15 |
> | 입찰가격 평가 | | 20 | ? | ? | ? |
> | 계 | | 100 | ? | ? | ? |

| 입찰가격 평가방법 |

○ 당해 입찰가격이 추정가격의 100분의 80 이상인 경우

평점 = 20 × (최저 입찰가격 / 당해 입찰가격)

※ 최저 입찰가격 : 입찰자 중 최저 입찰가격.
※ 당해 입찰가격 : 당해 평가대상자의 입찰가격.

○ 당해 입찰가격이 추정가격의 100분의 80 미만인 경우

평점 = 20 × (최저 입찰가격 / 당해 입찰가격) +
  [2 × ((추정가격의 80% - 당해 입찰가격) / (추정가격의 80% - 추정가격의 60%))]

※ 최저입찰가격 : 입찰자 중 최저 입찰가격.
※ 당해입찰가격 : 당해 평가대상자의 입찰가격으로 하되, 입찰가격이 추정가격의 100분의 60 미만일 경우에는 100분의 60으로 계산.

─┤ 보 기 ├─
ㄱ. B업체가 세 업체 중에 가장 낮은 가격을 입찰하면, B업체는 어떤 경우에도 우선협상 대상자가 된다.
ㄴ. 입찰업체가 낮은 가격으로 입찰할수록 해당 업체의 입찰가격 평가점수는 항상 높아진다.
ㄷ. A업체에서 추정가격의 60% 미만으로 입찰하고, B업체가 3억 2천만 원으로 입찰하면, C업체의 입찰가격과 관계없이 B업체가 우선협상 대상자가 된다.

① ㄱ
② ㄴ
③ ㄱ, ㄷ
④ ㄴ, ㄷ
⑤ ㄱ, ㄴ, ㄷ

시험장 풀이법

ㄱ.(O) B업체가 세 업체 중에 가장 낮은 가격을 입찰하면, B업체는 어떤 경우에도 우선협상 대상자가 된다.
→ 현재 상황은 다음과 같다.

평가 항목		배점	업체		
			A	B	C
기술 능력 평가	제안서 평가	60	55	52	49
	서면평가	20	14	18	15
	계	80	69	70	64
입찰가격 평가		20	?	?	?
계		100	?	?	?

B업체가 가장 낮은 가격을 입찰할 경우의 평가 점수는 경우에 따라 다르다.

○당해 입찰가격이 추정가격의 100분의 80 이상인 경우

$$평점 = 20 \times \left(\frac{최저\ 입찰가격}{당해\ 입찰가격} \right)$$

(∵ 해당 업체의 최저 입찰가격과 당해 입찰가격이 동일하다.)

○당해 입찰가격이 추정가격의 100분의 80 미만인 경우

$$평점 = 20 \times \left(\frac{최저\ 입찰가격}{추정가격의\ 80\%} \right) + \left[2 \times \left(\frac{추정가격의\ 80\% - 당해\ 입찰가격}{추정가격의\ 80\% - 추정가격의\ 60\%} \right) \right]$$

$20 \times \left(\frac{최저\ 입찰가격}{추정가격의\ 80\%} \right)$ 값은 다른 업체 역시 입찰가격을 100분의 80 미만으로 한 경우에는 동일할 수 밖에 없다.

$\left[2 \times \left(\frac{추정가격의\ 80\% - 당해\ 입찰가격}{추정가격의\ 80\% - 추정가격의\ 60\%} \right) \right]$ 값은 당해 입찰가격이 낮을수록 높으므로, 최저 입찰가격을 제시한 업체의 값이 가장 클 것이다.

만약 다른 업체가 입찰가격을 100분의 80 이상으로 한 경우에는

$20 \times \left(\frac{최저\ 입찰가격}{당해\ 입찰가격} \right)$ 이 $20 \times \left(\frac{최저\ 입찰가격}{추정가격의\ 80\%} \right)$ 보다 반드시 작기 때문에,

역시 최저 입찰가격을 제시한 업체의 평점이 가장 크다.

B업체가 가장 낮은 가격을 입찰하면 입찰가격 평가에서 가장 높은 점수를 획득할 것인데, 기술능력평가에서 현재 B업체가 가장 앞서 있으므로 B업체는 어떤 경우에도 우선협상 대상자가 되는 것이다.

ㄴ. (×) 입찰업체가 낮은 가격으로 입찰할수록 해당 업체의 입찰가격 평가점수는 항상 높아진다.
→ 당해 입찰가격이 추정가격의 100분의 80 이상인 경우를 예를 들어 보면, 해당 업체가 이미 최저 입찰가격을 제시한 경우, 그 가격을 계속 낮춘다 하더라도 최저 입찰가격과 당해 입찰가격이 매번 동일하게 20점 만점이 되므로, 입찰가격 평가점수가 항상 높아진다고 할 수는 없음.

ㄷ. (×) A업체에서 추정가격의 60% 미만으로 입찰하고, B업체가 3억 2천만 원으로 입찰하면, C업체의 입찰가격과 관계없이 B업체가 우선협상 대상자가 된다.
→ 각 업체의 입찰가격을 평가해 보면 다음과 같다.

A업체: 추정가격의 60% 미만으로 입찰하였으므로, 당해 입찰가격이 추정가격의 100분의 80 미만인 경우

$$평점 = 20 \times \left(\frac{최저\ 입찰가격}{추정가격의\ 80\%}\right) + \left[2 \times \left(\frac{추정가격의\ 80\% - 당해\ 입찰가격}{추정가격의\ 80\% - 추정가격의\ 60\%}\right)\right]$$

그런데 당해 입찰가격이 추정가격의 60% 미만이므로 당해 입찰가격을 추정가격의 100분의 60으로 계산하면, 평점은 다음과 같다.

$$평점 = 20 \times \left(\frac{최저\ 입찰가격}{추정가격의\ 80\%}\right) + 2$$

B업체: 입찰가격 3억 2천만 원은 추정가격 4억 원의 80%
→ 당해 입찰가격이 추정가격의 100분의 80 이상인 경우. 따라서 다음과 같음.

$$평점 = 20 \times \left(\frac{최저\ 입찰가격}{당해\ 입찰가격}\right) = 20 \times \left(\frac{최저\ 입찰가격}{추정가격의\ 80\%}\right)$$

A업체의 평점과 B업체의 평점을 비교하면 A업체가 2점 높다.
그런데 A업체와 B업체의 기술능력평가 점수는 단 1점 차에 불과하다.
따라서 합산점수에서는 반드시 A업체가 앞설 수밖에 없고, B업체가 우선협상 대상자가 되는 경우는 존재하지 않는다.

정답 ④

Public Service Aptitude Test

제6장

공간지각 문제

 다음 글과 〈상황〉을 근거로 판단할 때, 甲이 둘째 딸에게 물려주려는 땅의 크기는?   [민16(5)18]

한 도형이 다른 도형과 접할 때, 안쪽에서 접하는 것을 내접, 바깥쪽에서 접하는 것을 외접이라고 한다. 이를테면 한 개의 원이 다각형의 모든 변에 접할 때, 그 다각형은 원에 외접한다고 하며 원은 다각형에 내접한다고 한다. 한편 원이 한 다각형의 각 꼭짓점을 모두 지날 때 그 원은 다각형에 외접한다고 하며, 다각형은 원에 내접한다고 한다. 정다각형은 반드시 내접원과 외접원을 가지게 된다.

| 보 기 |

甲은 죽기 전 자신이 가진 가로와 세로가 각각 100m인 정사각형의 땅을 다음과 같이 나누어 주겠다는 유서를 작성하였다.
"내 전 재산인 정사각형의 땅에 내접하는 원을 그리고, 다시 그 원에 내접하는 정사각형을 그린다. 그 내접하는 정사각형에 해당하는 땅을 첫째 딸에게 주고, 나머지 부분은 둘째 딸에게 물려준다."

① 4,000 m^2
② 5,000 m^2
③ 6,000 m^2
④ 7,000 m^2
⑤ 8,000 m^2

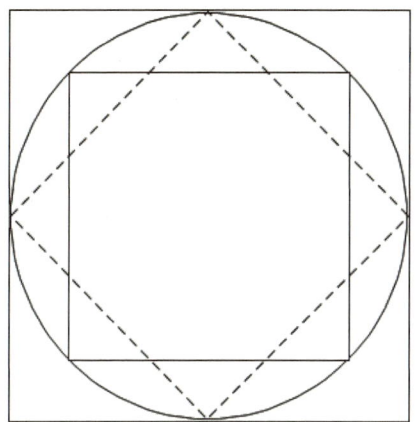

정사각형에 내접하는 원을 그리고, 다시 그 원에 내접하는 정사각형을 그린다면 위 그림의 실선과 같은 모양이 나온다. 그 중 甲이 둘째 딸에게 물려주려는 땅은 작은 정사각형 바깥의 면적이다.

그런데 원에 내접하는 정사각형은 어떤 방향에서 그리더라도 그 대각선이 원의 중심을 지날 수밖에 없고, 따라서 실선의 작은 정사각형을 원 안에서 회전을 시키면 점선의 마름모와 합동이 될 수밖에 없다. 즉, 점선의 마름모에 해당하는 면적을 첫째 딸에게 주고 나머지 면적을 둘째 딸에게 주는 셈이다.

마름모의 면적은 직관적으로도 알 수 있듯이 큰 정사각형의 절반에 해당하며, 따라서 둘째 딸에게 물려주려는 땅의 크기 역시 큰 정사각형의 절반에 해당한다. 따라서 5,000m² 다.

예제36 다음 〈조건〉을 근거로 판단할 때, 〈보기〉에서 옳은 것을 모두 고르면? [외13인37]

| 조 건 |

삼각형의 내부(각 꼭지점과 각 변 포함)의 한 점을 표시할 때, 세 개의 좌표축을 사용하는 무게중심 좌표계는 다음과 같이 정의된다.

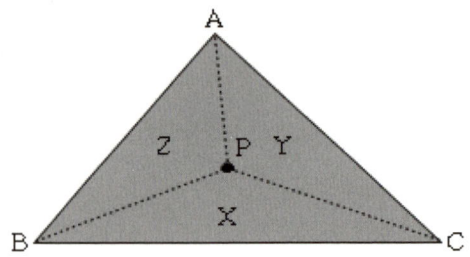

1. 위 삼각형에서 내부의 한 점 P를 잡았을 때, △PBC, △PCA, △PAB의 면적이 차례대로 X, Y, Z인 경우, 좌표값을 x=X/(X+Y+Z), y=Y/(X+Y+Z), z=Z/(X+Y+Z)로 정의하여 P(x, y, z)와 같이 내부의 점을 표시한다.
2. 삼각형의 각 꼭지점은 무게중심 좌표계로 나타냈을 때, A(1, 0, 0), B(0, 1, 0) 그리고 C(0, 0, 1)로 표시된다.

※ 삼각형의 무게중심에서 삼각형의 꼭지점을 연결해서 만들어지는 세 삼각형의 면적은 모두 같다.

| 보 기 |

ㄱ. △ABC의 세 변 AB, BC, CA 위에 존재하는 점 중에서 꼭지점 A, B, C를 제외한 나머지 점을 무게중심 좌표계로 나타냈을 때, 좌표값 중 한 개는 반드시 0이다.

ㄴ. 각 꼭지점과 각 변에 존재하는 점을 제외한 삼각형 내부의 점을 무게중심 좌표계로 나타냈을 때, 각 좌표값 x, y, z는 0과 1 사이의 정수로 표시된다.

ㄷ. 삼각형의 무게중심을 G라 하고, 이를 무게중심 좌표계로 나타내면 G(1/3, 1/3, 1/3)로 표시된다.

ㄹ. △ABC의 내부에 변 BC와 평행한 임의의 선분을 표시한다. 그 선분 위에 존재하는 점 P_1, P_2를 무게중심 좌표계로 나타내면, 각각 $P_1(x_1, y_1, z_1)$, $P_2(x_2, y_2, z_2)$로 표시되고, 좌표값 x_1과 x_2는 항상 동일하다.

① ㄱ, ㄷ
② ㄱ, ㄹ
③ ㄷ, ㄹ
④ ㄱ, ㄷ, ㄹ
⑤ ㄴ, ㄷ, ㄹ

> **시험장 풀이법**

ㄱ.(○) △ABC의 세 변 AB, BC, CA 위에 존재하는 점 중에서 꼭지점 A, B, C를 제외한 나머지 점을 무게중심 좌표계로 나타냈을 때, 좌표값 중 한 개는 반드시 0이다.
→ 점 P가 세 변 위에 존재할 경우, 점 P와 점 P가 속한 변의 양 끝에 해당하는 꼭짓점을 세 꼭짓점으로 하는 삼각형은 형성되지 않는다. 두 개의 변이 다른 하나의 변과 겹쳐지기 때문이다. 따라서 무게중심 좌표값 중 한 개는 반드시 0이 될 수밖에 없다.

ㄴ.(×) 각 꼭지점과 각 변에 존재하는 점을 제외한 삼각형 내부의 점을 무게중심 좌표계로 나타냈을 때, 각 좌표값 x, y, z는 0과 1 사이의 정수로 표시된다.
→ 무게중심 좌표값은 △ABC의 면적 중 해당 면적(X, Y, 또는 Z)이 차지하는 비율을 나타내는 것인데, 이는 개념상 당연히 0과 1 사이의 값을 가진다. 그런데 각 꼭짓점과 각 변에 존재하는 점을 제외하는 경우라면, X, Y, Z의 각 삼각형이 면적의 크기와 관계없이 만들어지고, 이에 따라 무게중심 좌표값이 0이나 1, 즉 정수의 값을 가질 수는 없다.

ㄷ.(○) 삼각형의 무게중심을 G라 하고, 이를 무게중심 좌표계로 나타내면 G(1/3, 1/3, 1/3)로 표시된다.
→ 삼각형의 무게중심에서 삼각형의 꼭짓점을 연결해서 만들어지는 세 삼각형의 면적은 모두 같다. 따라서 각 삼각형의 면적은 △ABC 면적의 1/3이 된다.

ㄹ.(○) △ABC의 내부에 변 BC와 평행한 임의의 선분을 표시한다. 그 선분 위에 존재하는 점 P_1, P_2를 무게중심 좌표계로 나타내면, 각각 $P_1(x_1, y_1, z_1)$, $P_2(x_2, y_2, z_2)$로 표시되고, 좌표값 x_1과 x_2는 항상 동일하다.
→ 삼각형의 면적은 $\frac{1}{2}$×(밑변)×(높이)로 계산되는데, 점 P_1으로 인해 만들어지는 삼각형 X(X_1)와 점 P_2로 인해 만들어지는 삼각형 X(X_2)는 밑변이 선분 BC로 동일하고 높이도 동일하기 때문에 면적이 같을 수밖에 없다. △ABC의 면적도 당연히 변화가 없으므로, 좌표값 x_1과 x_2는 항상 동일하다.

정답 ④

 다음 글을 근거로 판단할 때, <보기>에서 옳은 것만을 모두 고르면? (단, 주어진 조건 외에 다른 조건은 고려하지 않는다) [16(4)10]

○ 내전을 겪은 甲국은 2015년 1월 1일 평화협정을 통해 4개 국(A~D)으로 분할되었다. 평화협정으로 정한 영토분할 방식은 다음과 같다.
　- 甲국의 영토는 정삼각형이다.
　- 정삼각형의 한 꼭짓점에서 마주보는 변(이하 '밑변'이라 한다)까지 가상의 수직이등분선을 긋고, 그 선을 4등분하는 3개의 구분점을 정한다.
　- 3개의 구분점을 각각 지나는 3개의 직선을 밑변과 평행하게 긋고, 이를 국경선으로 삼아 기존 甲국의 영토를 4개의 영역으로 나눈다.
　- 나누어진 4개의 영역 중 가장 작은 영역부터 가장 큰 영역까지 차례로 각각 A국, B국, C국, D국의 영토로 한다.
○ 모든 국가의 쌀 생산량은 영토의 면적에 비례하며, A국의 영토에서는 매년 10,000가마의 쌀이 생산된다.
○ 각국은 영토가 작을수록 국력이 강하고, 국력이 약한 국가는 자국보다 국력이 강한 모든 국가에게 매년 연말에 각각 10,000가마의 쌀을 공물로 보낸다.
○ 4개 국의 인구는 모두 동일하며, 변하지 않는다. 각국은 매년 10,000가마의 쌀을 소비한다.
○ 각국의 쌀 생산량은 홍수 등 자연재해가 없는 한 변하지 않으며, 2015년 1월 1일 현재 각국은 10,000가마의 쌀을 보유하고 있다.

― | 보 기 | ―
ㄱ. 2016년 1월 1일에 1년 전보다 쌀 보유량이 줄어든 국가는 D국뿐이다.
ㄴ. 2017년 1월 1일에 4개 국 중 가장 많은 쌀을 보유한 국가는 A국이다.
ㄷ. 만약 2015년 여름 홍수로 인해 모든 국가의 2015년도 쌀 생산량이 반으로 줄어든다고 하여도, 2016년 1월 1일 기준 각 국가의 쌀 보유량은 0보다 크다.

① ㄱ
② ㄴ
③ ㄷ
④ ㄱ, ㄷ
⑤ ㄴ, ㄷ

시험장 풀이법

甲국은 다음과 같이 분할되었다.

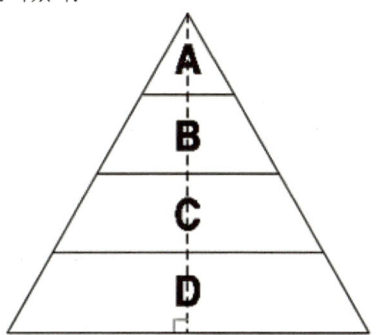

수직이등분선을 4등분하는 3개의 구분점을 각각 지나는 3개의 직선을 밑변과 평행하게 그었다면, 각각의 직선이 정삼각형의 밑변 길이의 1/4, 1/2, 3/4이 될 것이다. 3개의 직선 중 가운데에 위치한 직선의 중점(中點)을 가상의 수직이등분선이 지나고, 그 수직이등분선으로 나뉜 직선의 길이는 가장 위에 위치한 직선의 길이와 같다. 따라서 적절하게 선분을 그으면 A국의 면적과 동일한 면적의 삼각형을 세 개 만들 수 있고, 이에 따라 B국의 면적이 A국의 3배임을 알 수 있다.

동일한 방식으로 각국의 면적을 계산하면 다음과 같다.

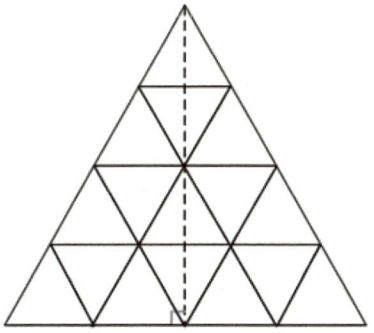

모든 국가의 쌀 생산량은 영토의 면적에 비례하는데, 각국의 영토 면적의 비가 1:3:5:7이므로 쌀 생산량도 그에 비례한다. A국의 영토에서 매년 10,000가마의 쌀이 생산되므로, B국에서는 매년 30,000가마, C국에서는 50,000가마, D국에서는 70,000가마가 생산될 것임을 알 수 있다.

각국은 영토가 작을수록 국력이 강하고, 국력이 강하면 약한 나라로부터 매년 연말에 각각 10,000가마씩을 공물로 받을 수 있다. 그렇다면 예를 들어 B국의 경우, A국에게는 공물을 바치지만 C국과 D국에게는 공물을 받을 것이다.

이러한 조건에 근거하여 각국의 쌀 보유량 변화를 측정하면 다음과 같다.

국명	보유 (2015.01.01.)	생산	공물	소비	변화량 합계
A국	10,000	10,000	30,000 - 0	10,000	30,000
B국	10,000	30,000	20,000 - 10,000	10,000	30,000
C국	10,000	50,000	10,000 - 20,000	10,000	30,000
D국	10,000	70,000	0 - 30,000	10,000	30,000

ㄱ.(×) 2016년 1월 1일에 1년 전보다 쌀 보유량이 줄어든 국가는 D국뿐이다.
→ 각국은 매년 30,000가마씩을 더 보유하게 되므로 쌀 보유량이 줄어든 국가는 없다.

ㄴ.(×) 2017년 1월 1일에 4개 국 중 가장 많은 쌀을 보유한 국가는 A국이다.
→ 2015년 초를 기준으로 모든 국가의 쌀 보유량이 10,000가마로 서로 같았고, 매년 변화량도 30,000가마로 서로 동일하므로, A국이 다른 국가보다 더 많은 쌀을 보유하고 있지는 않을 것이다.

ㄷ.(○) 만약 2015년 여름 홍수로 인해 모든 국가의 2015년도 쌀 생산량이 반으로 줄어든다고 하여도, 2016년 1월 1일 기준 각 국가의 쌀 보유량은 0보다 크다.
→ 표로 살펴보면 다음과 같다.

국명	보유 (2015.01.01.)	생산	공물	소비	변화량 합계
A국	10,000	5,000	30,000 - 0	10,000	25,000
B국	10,000	15,000	20,000 - 10,000	10,000	15,000
C국	10,000	25,000	10,000 - 20,000	10,000	5,000
D국	10,000	35,000	0 - 30,000	10,000	-5,000

D국의 변화량이 음의 값이므로 2016년 초 기준 D국의 쌀 보유량이 0보다 작을 것 같지만, 기존에 보유하고 있던 10,000가마가 그 변화량을 충당하고 남는다. 따라서 각 국가의 쌀 보유량은 0보다 크다.

POINT

 다음 〈상황〉을 근거로 판단할 때 왼쪽에서부터 4번째에 위치하는 공장은?

[입17가13]

| 상 황 |

○ A, B, C, D, E공장은 직선상에 위치하고 있다.
○ A공장은 맨 왼쪽(왼쪽에서부터 1번째)에 위치하고 있다.
○ A공장과 B공장 사이의 거리는 5km, B공장과 E공장 사이의 거리는 4km, C공장과 D공장 사이의 거리는 9km, C공장과 E공장 사이의 거리는 6km이다.
○ 바로 옆에 붙어 있는 두 공장 사이의 최대 거리는 5km 이내이다.
○ C공장은 A공장과 B공장 사이에 위치하고 있다.

① A
② B
③ C
④ D
⑤ E

시험장 풀이법

여러 공장이 직선상에 위치하고 있는데, 그 중에 A공장이 맨 왼쪽에 위치한다고 한다. 그로부터 B공장이 5km 떨어져 있는데, A공장과 B공장 사이에 C공장이 위치하고 있다고 한다. 그렇다면 왼쪽부터 나열하였을 때, A공장 – C공장 – B공장 순이 됨을 알 수 있다.

그러한 C공장과 D공장은 9km, E공장은 6km 떨어져 있다고 하는데, A공장이 가장 왼쪽에 있으므로 D공장과 E공장은 오른쪽으로 멀리 떨어져 있음을 알 수 있다. 그렇다면 왼쪽에서부터 4번째에 위치하는 공장은 C공장으로부터 덜 멀리 떨어진 E공장이 된다.

 다음 〈발언〉을 근거로 판단할 때, 반드시 참인 것은?   [17대비 모의 1회|34]

| 발 언 |

甲 : 나의 집으로부터 900m 정북쪽에 己의 집이 있다.
乙 : 甲의 집은 나의 집의 남서쪽에 있다.
丙 : 나의 집은 乙의 집의 북동쪽에 있다.
丁 : 나의 집은 己의 집의 정동쪽, 戊의 집의 정서쪽에 있다.
戊 : 나의 집은 丙의 집으로부터 450m 정남쪽에 있다.
己 : 나의 집은 乙의 집의 북서쪽에 있다.

※ 제시된 각 방향은 정방향을 의미한다. 예를 들면, 어느 점으로부터 정북 또는 정남향은 그 점으로부터 수직선을 그은 방향에 존재하며, 남서, 남동, 북서, 북동쪽은 그 점으로부터 45도 직선을 그은 방향을 말한다.

① 戊의 집으로부터 己의 집까지의 거리는, 丙의 집으로부터 戊의 집까지의 거리의 3배이다.
② 乙의 집은, 甲, 戊, 己의 각각의 집으로부터 같은 거리에 있다.
③ 丙의 집으로부터 丁의 집까지의 거리와 甲의 집으로부터 乙의 집까지의 거리는 같다.
④ 丁의 집은, 乙의 집의 정북쪽에 있다.
⑤ 甲의 집으로부터 丙의 집까지의 거리는 1350m이다.

> **시험장 풀이법**

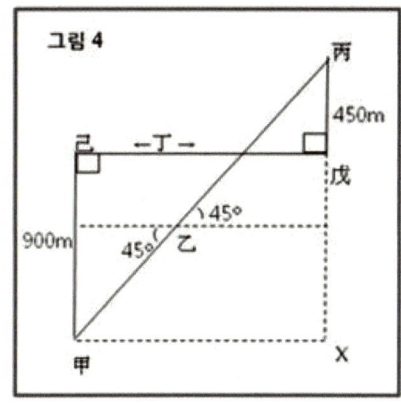

조건에 나온 각자의 위치를 그림으로 나타내 보면 위와 같이 그릴 수 있다. 문제 해결을 위해 보조선 X를 그려 보면 그림에 나타나는 삼각형들이 모두 이등변 삼각형이 됨을 알 수 있다.

① (○) 戊의 집으로부터 己의 집까지의 거리는, 丙의 집으로부터 戊의 집까지의 거리의 3배이다.
→ 무의 집으로부터 기의 집까지의 거리는 1350m이므로, 병의 집으로부터 무의 집까지의 거리인 450m의 3배가 된다. 따라서 반드시 참이 된다.

② (×) 乙의 집은, 甲, 戊, 己의 각각의 집으로부터 같은 거리에 있다.
→ 을의 집이 갑 및 기의 집과는 같은 거리에 있지만 그 거리와 무의 집과의 거리는 같지 않다.

③ (×) 丙의 집으로부터 丁의 집까지의 거리와 甲의 집으로부터 乙의 집까지의 거리는 같다.
→ 갑과 을 사이의 집의 거리는 병과 무 사이의 집 거리인 450m보다 길다.

④ (×) 丁의 집은, 乙의 집의 정북쪽에 있다.
→ 정의 집은 기와 무의 집 사이의 연장선 어디에나 있을 수 있으므로, 확정적으로 을의 정북쪽에 있다고 말할 수 없다.

⑤ (×) 甲의 집으로부터 丙의 집까지의 거리는 1350m이다.
→ 직각삼각형의 성질에 의해 대변의 길이가 다른 변의 길이(900m+450m)보다 길다.

정답 ①

Public Service Aptitude Test

제7장

상속분 계산 문제

A에게는 처 B와 장남 C와 장녀 D가 있다. 한편 장남 C는 이미 사망하였지만, 그에게는 처 E와 자 F가 있다. A가 유산 3,500만원을 남기고 사망한 경우에 장남 C의 처 E와 자 F가 받을 각각의 상속액은?(단, 상속인 간의 상속비율은 배우자는 1.5이고 나머지 자녀들은 각각 1이다. 상속인 중에 1인이 사망한 경우에는 사망한 자의 상속인이 그 몫을 상속한다.) [입08가19]

	E	F
①	600만원	400만원
②	500만원	500만원
③	1,000만원	0만원
④	875만원	125만원
⑤	400만원	600만원

시험장 풀이법

장남 C가 사망한 상황에서 A가 유산을 남기고 사망한 경우, 원칙적으로 상속인에는 처 B와 장녀 D만이 해당할 것이다. 그런데 상속인 중에 1인이 사망한 경우에는 사망한 자의 상속인이 그 몫을 상속하므로, 장남 C가 이미 사망하였다 하더라도 장남 C의 상속인인 처 E와 자 F도 A의 유산을 상속받을 수 있게 되는 것이다.

그렇다면 먼저 A의 유산을 처 B, 장남 C, 장녀 D가 상속받는 상황을 상정해 본다. 상속인 간의 상속비율은, 배우자는 1.5이고 자녀들은 각각 1에 해당하므로, 처 B:장남 C:장녀 D가 각각 1.5:1:1의 비율로 3,500만 원을 상속한다. 이에 따라 분배를 하면 처 B가 1,500만 원, 장남 C와 장남 D가 각각 1,000만 원씩을 받게 된다.

처 E와 자 F는 장남 C의 몫을 상속하므로, 1,000만 원을 두 사람이 나누어 가진다. 처 E와 자 F 역시 상속비율은 1.5와 1이므로, 각각 600만 원과 400만 원을 받는다.

예제41 ▶ 다음 글과 〈상황〉을 근거로 판단할 때 옳은 것은?   [민16(5)18]

K국의 현행법상 상속인으로는 혈족상속인과 배우자상속인이 있다. 제1순위 상속인은 피상속인의 직계비속이며, 직계비속이 없는 경우 직계존속이 상속인이 된다. 태아는 사산되어 출생하지 못한 경우를 제외하고 상속인이 된다. 배우자는 직계비속과 동순위로 공동상속인이 되고, 직계비속이 없는 경우에 피상속인의 직계존속과 공동상속인이 되며, 피상속인에게 직계비속과 직계존속이 없으면 단독상속인이 된다. 현행 상속분 규정은 상속재산을 배우자에게 직계존속·직계비속보다 50%를 더 주도록 정하고 있다. 예를 들어 상속인이 배우자(X)와 2명의 자녀(Y, Z)라면, '1.5(X):1(Y):1(Z)'의 비율로 상속이 이루어진다.

그런데 K국에서는 부부의 공동재산 기여분을 보장하기 위한 차원에서 상속법 개정을 추진하고 있다. '개정안'은 상속재산의 절반을 배우자에게 우선 배분하고, 나머지 절반은 현행 규정대로 배분하는 내용을 골자로 한다. 즉, 피상속인이 사망하였을 경우 상속재산의 50%를 그 배우자에게 먼저 배분하고, 이를 제외한 나머지 50%에 대해서는 다시 현행법상의 비율대로 상속이 이루어진다.

| 상 황 |

甲은 심장마비로 갑자기 사망하였다. 甲의 유족으로는 어머니 A, 배우자 B, 아들 C, 딸 D가 있고, B는 현재 태아 E를 임신 중이다. 甲은 9억 원의 상속재산을 남겼다.

① 현행법에 의하면, E가 출생한 경우 B는 30% 이하의 상속분을 갖게 된다.
② 개정안에 의하면, E가 출생한 경우 B는 6억 원을 상속받게 된다.
③ 현행법에 의하면, E가 사산된 경우 B는 3억 원을 상속받게 된다.
④ 개정안에 의하면, E가 사산된 경우 B는 4억 원을 상속받게 된다.
⑤ 개정안에 의하면, E의 사산여부에 관계없이 B가 상속받게 되는 금액은 현행법에 의할 때보다 50% 증가한다.

시험장 풀이법

① (×) 현행법에 의하면, E가 출생한 경우 B는 30% 이하의 상속분을 갖게 된다.
→ 현행법에 의하면, 제1순위 상속인이 피상속인의 직계비속이고 태아는 원칙적으로 상속인이 되며 배우자는 직계비속과 동순위로 공동상속인이 된다. 따라서 배우자 B, 아들 C, 딸 D, 태아 E가 공동상속인이다. 그런데 현행 상속분 규정은 상속재산을 배우자에게 직계비속 등보다 50%를 더 주도록 정하고 있다. 따라서 네 명의 상속비율은 1.5(B):1(C):1(D):1(E)이 된다. 이 때 B는 전체 비율 4.5(=1.5+1+1+1) 중 1.5, 즉 1/3을 상속받게 되는데, 이는 30%가 넘는다.

② (○) 개정안에 의하면, E가 출생한 경우 B는 6억 원을 상속받게 된다.
→ 개정안에 의하면, 상속재산의 절반을 배우자에게 우선 배분하고 나머지 절반을 현행 규정대로 배분한다. 따라서 9억 원의 상속재산 중 4.5억 원을 우선 B가 배분받고, 남은 4.5억 원을 1.5(B):1(C):1(D):1(E)의 비율로 배분한다. ①에서 살펴보았듯이 B의 상속비율은 1/3이므로, 4.5억 원 중 1.5억 원을 배분받아 결과적으로 총 6억 원을 상속받게 된다.

③ (×) 현행법에 의하면, E가 사산된 경우 B는 3억 원을 상속받게 된다.
→ 현행법에 의하면, 태아가 사산되어 출생하지 못한 경우에는 상속인이 되지 못한다. 따라서 상속 비율은 1.5(B):1(C):1(D)이 되고, B는 전체 비율 3.5(=1.5+1+1) 중 1.5, 즉 3/7을 상속받게 되는데, 9억 원의 3/7은 3억 원을 넘는다.

④ (×) 개정안에 의하면, E가 사산된 경우 B는 4억 원을 상속받게 된다.
→ 개정안에 의하면, 상속재산의 절반을 배우자에게 우선 배분하므로 4.5억 원을 B가 우선 배분받는다. 따라서 최종 액수와 관계없이 틀린 선택지다.

⑤ (×) 개정안에 의하면, E의 사산여부에 관계없이 B가 상속받게 되는 금액은 현행법에 의할 때보다 50% 증가한다.
→ E가 출생한 경우 B가 상속받게 되는 금액을 계산하면, 현행법에 의할 때 3억 원이고 개정안에 의할 때 6억 원이 도출된다. 3억 원이 6억 원의 50%인 것은 맞으나, 3억 원을 기준으로 6억 원으로 증가하는 것은 기존 3억 원, 즉 100%만큼이 추가되는 것이므로 100% 증가한다고 표현한다. 따라서 E가 사산된 경우를 따지기 전에 이미 틀린 선택지로 판단할 수 있다.

 **예제42** 다음 글과 〈상황〉을 근거로 판단할 때, B, C, D의 상속분으로 옳게 짝지은 것은?
[17대비모의3회07]

○○법 제□□조(상속의 순위) ① 상속에 있어서는 다음 순위로 상속인이 된다.
  1. 피상속인의 직계비속
  2. 피상속인의 직계존속
  3. 피상속인의 형제자매
  4. 피상속인의 4촌이내의 방계혈족
② (이하 생략)

제00조(배우자의 상속순위) ① 피상속인의 배우자는 제□□조제1항제1호와 제2호의 규정에 의한 상속인이 있는 경우에는 그 상속인과 동순위로 공동상속인이 되고 그 상속인이 없는 때에는 단독상속인이 된다.

제00조(공동상속과 재산의 공유) 상속인이 수인인 때에는 상속재산은 그 공유로 한다.

제00조(기여분) ① 공동상속인 중에 상당한 기간 동거·간호 그 밖의 방법으로 피상속인을 특별히 부양하거나 피상속인의 재산의 유지 또는 증가에 특별히 기여한 자가 있을 때에는 상속개시 당시의 피상속인의 재산가액에서 공동상속인의 협의로 정한 그 자의 기여분을 공제한 것을 상속재산으로 보고 법정상속분에 의하여 산정한 상속분에 기여분을 가산한 액으로써 그 자의 상속분으로 한다.
② 제1항의 협의가 되지 아니하거나 협의할 수 없는 때에는 가정법원은 제1항에 규정된 기여자의 청구에 의하여 기여의 시기·방법 및 정도와 상속재산의 액 기타의 사정을 참작하여 기여분을 정한다.
③ (생략)

제00조(법정상속분) ① 동순위의 상속인이 수인인 때에는 그 상속분은 균분으로 한다.
② 피상속인의 배우자의 상속분은 직계비속과 공동으로 상속하는 때에는 직계비속의 상속분의 5할을 가산하고, 직계존속과 공동으로 상속하는 때에는 직계존속의 상속분의 5할을 가산한다.

※ 직계비속:자기로부터 직계로 이어져 내려간 혈족
※ 직계존속:조상으로부터 직계로 내려와 자기에게 이르는 혈족(血族)

> | 상 황 |
>
> A는 부인 B와 자녀 C, D가 있는 사람으로 불치병을 선고받았다. 이에 부인 B는 동거하고 있는 상태에서 자녀 C가 A의 치료를 자처하여 고액의 치료비를 모두 부담하고, 사망할 때까지 A를 극진히 간병하였다. C의 극진한 간호에도 A는 결국 사망하였고, A가 남긴 상속재산은 총 3억 5천만 원이다. 이에 부인 B와 자녀 C, D가 모인 자리에서, 그동안 자녀 C가 아버지의 치료비를 부담하고 간병한 행위가 통상의 부양이나 간호의 수준을 넘었다는 것을 인정하고 기여분을 7천만 원으로 협의하였다.

① B:16,000만원   C:13,000만원
② B:12,000만원   D: 8,000만원
③ B:16,000만원   D: 8,000만원
④ B:12,000만원   C:13,000만원
⑤ C:15,000만원   D: 6,000만원

시험장 풀이법

기여자가 있는 경우의 상속분의 산정방법을 식으로 나타내면 다음과 같다.

[(상속재산의 가액−기여분)×각 상속인의 상속분율]+기여자인 경우 기여분

기여분이 인정되기 위해서는 특별한 기여이어야 하고, 기여행위로 인해 피상속인의 재산 유지 또는 증가가 있어야 한다. 따라서 배우자의 가사노동은 부부의 동거·부양·협조 범위의 행위이므로 특별한 기여에 해당하지 않고, 이에 대해서 상황에서 언급된 바도 없다.

기여분에 따라서 계산을 해보면 다음과 같다.

B: (35,000만원 − 7,000만원) × 3/7 +   0   = 12,000만원
C: (35,000만원 − 7,000만원) × 2/7 + 7,000만원 = 15,000만원
D: (35,000만원 − 7,000만원) × 2/7 +   0   = 8,000만원

정답 ②

Public Service Aptitude Test

제8장

차익(差益) 계산 문제

 **다음 글을 근거로 판단할 때, 〈사례〉에서 발생한 슬기의 손익은?** [외13인10]

○ 甲은행이 A가격(원/달러)에 달러를 사고 싶다는 의사표시를 하고, 乙은행이 B가격(원/달러)에 달러를 팔고 싶다고 의사표시를 하면, 중개인은 달러 고시 가격을 A/B로 고시한다.
○ 만약 달러를 즉시 사거나 팔려면 그것을 팔거나 사려는 측이 제시하는 가격을 받아들일 수밖에 없다.
○ 환전수수료 등의 금융거래비용은 없다.

― | 사 례 | ―
○ 현재 달러 고시 가격은 1204.00/1204.10이다. 슬기는 달러를 당장 사고 싶었고, 100달러를 바로 샀다.
○ 1시간 후 달러 고시 가격은 1205.10/1205.20으로 움직였다. 슬기는 달러를 당장 팔고 싶었고, 즉시 100달러를 팔았다.

① 100원 이익
② 120원 이익
③ 200원 이익
④ 100원 손실
⑤ 200원 손실

시험장 풀이법

현재 달러 고시 가격이 1204.00/1204.10이라 함은, 은행 입장에서 달러를 사고 싶은 가격이 1204.00원이고 달러를 팔고 싶은 가격이 1204.10원이라는 뜻이다.

위와 같은 상황에서 슬기가 달러를 산다면, 은행 입장에서는 달러를 파는 것이므로 1204.10원에 100달러를 거래한 것이다.

1시간 후에 달러 고시 가격이 움직였는데, 1205.10/1205.20으로 소폭 상승하였음을 알 수 있다. 슬기는 보유하고 있는 달러를 당장 팔고 싶었고, 가지고 있던 100달러를 팔았다고 한다. 이는 은행 입장에서는 달러를 사들이는 것이므로, 1205.10원에 거래가 되었음을 알 수 있다.

즉, 1달러당 1204.10원에 사서 1205.10원에 팔았으므로, 1달러당 1원의 차익이 생긴 것이다. 슬기는 총 100달러를 사고팔았으므로, 결과적으로 100원의 이익을 본 것이다.

예제44 다음 ○○금융회사의 금(金) 관련 금융상품만을 고려할 때 옳지 않은 것은?

[11선14]

A상품 : 2011년 12월 30일에 금 1g 가격(P)이 50,000원 이상이면 ○○금융회사는 (P−50,000)원을 A상품 가입자에게 지급하고, 반대의 경우는 A상품 가입자가 (50,000−P)원을 ○○금융회사에 납부하는 상품
B상품 : 2011년 12월 30일에 금 1g 가격(P)이 50,000원 이하이면 ○○금융회사는 (50,000−P)원을 B상품 가입자에게 지급하고, 반대의 경우는 B상품 가입자가 (P−50,000)원을 ○○금융회사에 납부하는 상품
C상품 : 2011년 12월 30일에 금 1g 가격(P)이 50,000원 이상일 경우, 1,000원을 내고 C상품에 가입한 가입자에게 ○○금융회사가 (P−50,000)원을 지급하는 상품
D상품 : 2011년 12월 30일에 금 1g 가격(P)이 50,000원 이하일 경우, 1,000원을 내고 D상품에 가입한 가입자에게 ○○금융회사가 (50,000−P)원을 지급하는 상품

※ 오늘(2011.2.25) 금 1g의 가격은 50,000원(변동 없음)이고 모든 금융상품은 오늘부터 2011년 12월 29일까지만 가입이 허용된다.
※ 금 가격은 ○○금융회사의 영업시작시간 이전에 하루 한 번 변동된다.
※ 이외의 다른 비용은 고려하지 않는다.

① A상품에 가입하는 것은 오늘 금 1g을 샀다가 2011년 12월 30일에 파는 것과 수익이 동일하다.
② 2011년 12월 30일에 금 가격이 50,000원 이상일 것이라고 확신한다면, C상품보다는 A상품에 가입할 것이다.
③ 오늘 B상품에 가입하면서 금 1g을 사고 2011년 12월 30일에 이를 판매한다면, 금 시세와 무관하게 50,000원을 받을 수 있다.
④ C상품과 D상품에 동시에 가입한다면, 2011년 12월 30일에 금 가격과 무관하게 손해를 보지 않는다.
⑤ 오늘 금 1g을 구매하고 D상품에 가입한다면, 2011년 12월 30일에 손해는 최대 1,000원을 넘지 않는다.

시험장 풀이법

각 상품에 대하여 분석하면 다음과 같다.

A상품: 오늘(2011.2.25.) 금 1g의 가격인 50,000원 기준으로, 2011.12.30.에 그보다 금 1g 가격(P)이 올라가면 차익을 가입자가 받고, 그보다 P가 내려가면 그 차이만큼을 가입자가 ○○금융회사에 납부하여야 한다.

B상품: P가 올라가면 가입자가 가격 차이만큼을 회사에 납부하고, P가 내려가면 가입자가 가격 차이만큼을 받는다. 즉, A상품과 정반대의 조건임을 알 수 있다.

C상품: P가 올라가면 가격 차이만큼을 가입자가 받지만, 1,000원의 가입비가 존재하는 상품이다. 그러나 P가 내려갈 경우에는 차익을 거래하지 않는다.

D상품: P가 내려가면 가격 차이만큼을 가입자가 받지만, 1,000원의 가입비가 존재하는 상품이다. 그러나 P가 올라갈 경우에는 차익을 거래하지 않는다.

① (○) A상품에 가입하는 것은 오늘 금 1g을 샀다가 2011년 12월 30일에 파는 것과 수익이 동일하다.
→ A상품은 차익을 거래하는 가운데 금 1g의 가격이 높을수록 가입자에게 유리한 상품이다. 만약 오늘 금 1g을 샀다가 2011.12.30.에 팔면 그 차익만큼이 남을 것이다. 따라서 두 행위는 동일한 수익을 보일 것이다.

② (○) 2011년 12월 30일에 금 가격이 50,000원 이상일 것이라고 확신한다면, C상품보다는 A상품에 가입할 것이다.
→ 금 가격이 오르는 경우만을 볼 때, A상품과 C상품은 가입비의 유무만이 서로 다르다. 따라서 금 가격이 오를 것이라고 확신한다면, 가입비가 없는 A상품이 유리하다.

③ (○) 오늘 B상품에 가입하면서 금 1g을 사고 2011년 12월 30일에 이를 판매한다면, 금 시세와 무관하게 50,000원을 받을 수 있다.
→ B상품은 가입자 입장에서 차익이 생기면 회사에 납부하고 손해가 발생하면 회사가 보전해주는 구조를 가진 것이다. 따라서 B상품에 가입하면서 금 1g을 사고 연말에 판매한다면, 차익이 발생하더라도 회사에 납부하여야 하고 손해가 발생하더라도 회사에서 보전해줄 것이므로, 금 시세와 무관하게 50,000원을 회수할 수 있다.

④ (×) C상품과 D상품에 동시에 가입한다면, 2011년 12월 30일에 금 가격과 무관하게 손해를 보지 않는다.
→ 가입비의 존재 때문에 손해를 보게 된다.

정답 ④

Public Service Aptitude Test

제9장

점수 간격을 이용하는 방법

 **다음 글을 근거로 판단할 때 참말을 한 사람은?** [16(4)32]

A동아리 5명의 학생 각각은 B동아리 학생들과 30회씩 가위바위보 게임을 했다. 각 게임에서 이길 경우 5점, 비길 경우 1점, 질 경우 −1점을 받는다. 게임이 모두 끝나자 A동아리 5명의 학생들은 자신이 얻은 합산 점수를 다음과 같이 말했다.

태우 : 내 점수는 148점이야
시윤 : 내 점수는 145점이야
성헌 : 내 점수는 143점이야
빛나 : 내 점수는 140점이야
은지 : 내 점수는 139점이야

이들 중 한 명만이 참말을 하고 있다.

① 태우
② 시윤
③ 성헌
④ 빛나
⑤ 은지

시험장 풀이법

모든 게임에서 이길 경우: 30(회)×5(점) = 150(점)

다른 모든 게임에서 이겼으나 단 한 경기에서 비겼을 경우

: 30×5-1×5+1×1 = 150+(-5+1) = 150-4

다른 모든 게임에서 이겼으나 단 한 경기에서 졌을 경우

: 30×5-1×5-1×1 = 150+(-5-1) = 150-6

결과로 도출된 각각의 식에서 4와 6이 바로 점수 간격이 된다.

그런데 150, 4, 6이 모두 짝수이기 때문에, 합산 점수는 무조건 짝수가 되어야 한다. 그리고 만점(150점) 다음으로 획득할 수 있는 가장 높은 점수는 146(= 150-4)점인데, 태우가 본인의 점수가 148점이라고 하였으므로 이는 거짓말이다. 따라서 빛나가 참말을 하고 있다는 결론이 도출된다.

정답 ④

예제46 ▶ 다음 글에 비추어 틀린 것은?　　　　　　　　　　　　　　　　[입14가13]

> A는 학교에서 문제수가 20개인 시험을 보았다. 채점 방식은 문제당 정답을 쓴 경우에는 2점, 오답을 쓴 경우에는 −1점, 아무런 답을 쓰지 않은 경우에는 0점을 부여하는 방식으로 한다. 시험 결과 A는 19점을 받았다.

① A가 틀린 답을 쓴 문제가 반드시 있다.
② A가 답을 쓰지 않은 문제가 반드시 있다.
③ A가 정답을 쓴 문제는 9개를 넘는다.
④ A가 정답을 쓴 문제는 13개를 넘지 않는다.
⑤ A가 답을 쓰지 않은 문제는 최대 9개이다.

시험장 풀이법

20문제를 모두 맞혔을 경우: 20(개)×2(점) = 40점

20문제 중 1문제의 답을 쓰지 않은 경우
: $20×2-1×2-1×0 = 40+(-2-0) = 40-2$

20문제 중 1문제의 답을 잘못 쓴 경우
: $20×2-1×2-1×1 = 40+(-2-1) = 40-3$

위 식에 보이는 40, 2, 3 중에서 40과 2는 짝수이고 3은 홀수다. 시험 결과 A가 19점, 즉 홀수에 해당하는 점수를 받았다면, 답을 잘못 쓴 문제가 최소한 1개(더 정확히는 홀수에 해당하는 개수)는 있다는 뜻이다.

그런데 $40-3×x$(x는 오답을 쓴 문제의 개수)의 구조로부터 19점이 도출될 수 있는지를 생각해 보면, $40-3×7$의 경우가 가능하다. 따라서 A가 답을 쓰지 않은 문제가 없을 수도 있는 것이다. 그리고 위의 경우 정답을 쓴 문제가 13개로 최댓값이 된다.

K부서는 승진후보자 3인을 대상으로 한 승진시험의 채점 방식에 대해 고민 중이다. 다음 〈자료〉와 〈채점 방식〉에 근거할 때 옳지 않은 것은? [13인32]

| 자 료 |

○ K부서에는 甲, 乙, 丙 세 명의 승진후보자가 있으며 상식은 20문제, 영어는 10문제가 출제되었다.
○ 채점 방식에 따라 점수를 계산한 후 상식과 영어의 점수를 합산하여 고득점 순으로 전체 등수를 결정한다.
○ 각 후보자들이 정답을 맞힌 문항의 개수는 다음과 같고, 그 이외의 문항은 모두 틀린 것이다.

	상식	영어
甲	14	7
乙	10	9
丙	18	4

| 채점방식 |

○ A 방식: 각 과목을 100점 만점으로 하되 상식은 정답을 맞힌 개수 당 5점씩을, 영어는 정답을 맞힌 개수 당 10점씩을 부여함
○ B 방식: 각 과목을 100점 만점으로 하되 상식은 정답을 맞힌 개수 당 5점씩, 틀린 개수 당 −3점씩을 부여하고, 영어의 경우 정답을 맞힌 개수 당 10점씩, 틀린 개수 당 −5점씩을 부여함
○ C 방식: 모든 과목에 정답을 맞힌 개수 당 10점씩을 부여함

① A 방식으로 채점하면, 甲과 乙은 동점이 된다.
② B 방식으로 채점하면, 乙이 1등을 하게 된다.
③ C 방식으로 채점하면, 丙이 1등을 하게 된다.
④ C 방식은 다른 방식에 비해 상식 과목에 더 큰 가중치를 부여하는 방식이다.
⑤ B 방식에서 상식의 틀린 개수당 점수를 −5, 영어의 틀린 개수당 점수를 −10으로 한다면, 甲과 乙의 등수는 A 방식으로 계산한 것과 동일할 것이다.

시험장 풀이법

① (○) A 방식으로 채점하면, 甲과 乙은 동점이 된다.
→ 甲은 乙보다 상식을 4문제 더 맞혔고, 乙은 반대로 영어를 2문제 더 맞혔다. A 방식에 따르면 상식은 정답을 맞힌 개수 당 5점씩, 영어는 10점씩을 부여하므로, 두 사람의 차이만을 계산하여도 동점이 됨을 알 수 있다.

$$4(문제) \times 5(점) = 2 \times 10$$

② (×) B 방식으로 채점하면, 乙이 1등을 하게 된다.
→ 상식의 점수 간격은 8점(= 5−(−3)), 영어의 점수 간격은 15점(= 10−(−5))이다. 이는 상식 2문제 맞힐 때의 점수가 영어 1문제 맞힐 때의 점수보다 큼을 의미한다. 甲이 乙보다 상식을 더 맞힌 개수가 乙이 甲보다 영어를 더 맞힌 개수의 정확히 2배이기 때문에, 甲이 乙보다 점수가 높고 결론적으로 乙이 1등이 아님을 알 수 있다.

③ (○) C 방식으로 채점하면, 丙이 1등을 하게 된다.
→ 과목을 불문하고 정답을 맞힌 문항의 개수가 많으면 고득점을 하게 된다. 따라서 맞힌 개수가 가장 많은 병(丙)이 1등을 하게 된다.

④ (○) C 방식은 다른 방식에 비해 상식 과목에 더 큰 가중치를 부여하는 방식이다.
→ C 방식에 따르면 상식이든 영어든 많이 맞히면 되는데, 상식이 영어에 비해 문항수가 2배나 되기 때문에 상식 과목에 큰 가중치를 부여하는 것임을 알 수 있다.

⑤ (○) B 방식에서 상식의 틀린 개수당 점수를 −5, 영어의 틀린 개수당 점수를 −10으로 한다면, 甲과 乙의 등수는 A 방식으로 계산한 것과 동일할 것이다.
→ 점수 체계를 바꿀 경우 상식의 점수 간격은 10점, 영어의 점수 간격은 20점이 되어 양자(兩者) 간에 2배의 차이를 보이는데, 이는 A 방식에서와 같다. 따라서 이 경우에도 甲과 乙의 등수는 서로 같아진다.

예제48 다음 〈상황〉과 〈표〉를 근거로 판단할 때, D의 점수는? [입17가11]

| 상 황 |

　A, B, C, D 네 명의 학생이 O×퀴즈 방식의 시험을 보았다. 전체 문제 수는 10문제이며, 한 문제당 맞으면 10점을 부여하고, 틀리면 5점을 감점하는 방식으로 점수를 매긴다. A, B, C, D가 답안지에 적은 답과 A, B, C의 점수는 아래 표와 같다.

※ 아래 표의 '답안 내용' 중 'O'라는 표시는 해당 학생이 'O'로 적었다는 뜻이며, 그 항목을 맞췄다는 뜻은 아니다.

〈 표 〉

문항	A의 답안 내용	B의 답안 내용	C의 답안 내용	D의 답안 내용
1	O	×	×	O
2	×	O	O	×
3	O	O	O	O
4	O	O	×	×
5	×	×	O	O
6	×	×	×	×
7	O	O	O	O
8	×	×	×	×
9	O	O	O	O
10	O	O	O	O
점수	55	25	55	

① 25점
② 40점
③ 55점
④ 70점
⑤ 85점

시험장 풀이법

만점은 100점이고 점수 간격은 15점이다.

따라서 A와 C는 3문제를 틀려 45점이고, B는 5문제를 틀려 25점임을 알 수 있다.

여기서 A, B, C의 답안 내용을 잘 보면, 3, 6, 7, 8, 9, 10번 문항의 답이 모두 같음을 알 수 있다. 그리고 나머지 1, 2, 4, 5,번 문항의 답을 서로 비교해 보면, 1번과 2번은 B와 C의 답안이 같고, 4번과 5번은 A와 B의 답안이 같다.

B는 A 또는 C보다 2문제를 더 틀려야 하는데, 답안이 위와 같다면 B가 1, 2, 4, 5번을 모두 틀려야 이러한 전제가 충족된다. 따라서 B가 1~5번을 모두 틀린 경우 A, B, C 각각의 점수와 부합하게 된다.

따라서 이에 비추어 D의 답안을 매겨보면, 3번을 제외한 모든 문제를 맞혔음을 알 수 있다. 따라서 D의 점수는 85점이다.

Public Service Aptitude Test

제10장 기타

예제49 다음 글을 근거로 판단할 때, 甲금속회사가 생산한 제품 A, B를 모두 판매하여 얻을 수 있는 최대 금액은? [17가32]

○ 甲금속회사는 특수구리합금 제품 A와 B를 생산 및 판매한다.
○ 특수구리합금 제품 A, B는 10kg 단위로만 생산된다.
○ 제품 A의 1kg당 가격은 300원이고, 제품 B의 1kg당 가격은 200원이다.
○ 甲금속회사는 보유하고 있던 구리 710kg, 철 15kg, 주석 33kg, 아연 155kg, 망간 30kg 중 일부를 활용하여 아래 표의 질량 배합 비율에 따라 제품 A를 300kg 생산한 상태이다. (단, 개별 금속의 추가구입은 불가능하다)
○ 합금 제품별 질량 배합 비율은 아래와 같으며 배합 비율을 만족하는 경우에만 제품이 될 수 있다.

(단위:%)

구분	구리	철	주석	아연	망간
A	60	5	0	25	10
B	80	0	5	15	0

※ 배합된 개별 금속 질량의 합은 생산된 합금 제품의 질량과 같다.

① 195,000 원
② 196,000 원
③ 197,000 원
④ 198,000 원
⑤ 199,000 원

시험장 풀이법

甲금속회사는 이미 제품 A를 300kg 생산한 상태다.

제품 A는 10kg 단위로만 생산되는데, 이 때 구리가 60%, 철이 5%, 아연이 25%, 그리고 망간이 10% 배합된다. 그렇다면 제품 A를 10kg 생산하는 동안 구리가 6kg, 철이 0.5kg, 아연이 2.5kg, 그리고 망간이 1kg 활용되는 것이다. 이를 300kg으로 확대하면 구리가 180kg, 철이 15kg, 아연이 75kg, 그리고 망간이 30kg이 되고, 이만큼이 이미 소모가 된 셈이다.

그렇다면 현재 구리가 530kg, 주석 33kg, 아연 80kg이 남아 있고, 철과 망간이 모두 소진되었다. 따라서 甲회사로서는 제품 A를 더 이상 생산할 수 없고, 제품 B만이 생산 가능한 상황이다.

제품 B를 10kg 생산하는 데 구리 8 kg, 주석 0.5kg, 그리고 아연이 1.5kg이 필요하다. 이 비율대로 보자면 현재 아연이 가장 부족한 상황이므로, 아연을 최대한으로 활용하면 최대 생산 가능 지점에 도달하게 될 것이다.

$$\text{아연 } 80\text{kg} = 1.5\text{kg} \times 50 + 1.5\text{kg} \times 3 + 0.5\text{kg}$$

따라서 제품 B 10kg을 53번 생산할 수 있는 것이다.

제품 A 300kg과 제품 B 530kg을 각각 1kg당 300원 또는 200원으로 팔면, 196,000원이 도출된다(그러나 선택지를 보면 천 원 단위만을 물어보고 있음을 알 수 있다. 따라서 제품 B 30kg을 1kg당 200원에 파는 부분만 계산하면 바로 정답을 알아낼 수 있다).

다음 글을 근거로 판단할 때, 〈보기〉에서 옳은 것만을 모두 고르면? [17대비 모의12회16]

도시광산산업은 산업폐기물에 포함된 금속을 추출해 재활용하는 산업을 뜻한다. 폐전자제품, 폐전선 등 산업폐기물은 천연광석보다 높은 비율의 광물자원을 포함하고 있다. 자원의 대부분을 수입하는 우리나라에서 이러한 도시광산산업의 부상은 시사하는 바가 크다. 광석 채취의 효율성을 고려하면 도시광산의 폐기물이 광석에서 채취하는 원석에 비해 금속 함유비율이 훨씬 높아 경제성이 높기 때문이다. 예를 들면 금 광산의 원석 1톤에서 채취하는 금은 평균 4g 정도이지만 휴대전화 1톤에서 추출할 수 있는 금은 약 280g에 달한다.

〈휴대전화 1대에서 재활용 가능한 금속〉

종류	금	은	팔라듐	로듐	구리	코발트
무게(g)	0.04	0.2	0.03	0.002	14	27.4
단가(원/g)	42,112	595	11,116	54,632	885	47,507

― | 보 기 | ―

ㄱ. 휴대전화 1톤 당 채취할 수 있는 은의 양은 약 140g이다.
ㄴ. 700대의 휴대전화에서 채취할 수 있는 금의 양은 원석 1톤의 제련으로 얻을 수 있는 금의 양에 비해 7배 많다.
ㄷ. 휴대전화 1톤 당 가장 높은 수익을 얻을 수 있는 금속은 로듐이다.
ㄹ. 휴대전화 1톤 당 가장 많은 양을 재활용할 수 있는 금속은 코발트이다.

① ㄱ, ㄴ
② ㄱ, ㄹ
③ ㄴ, ㄷ
④ ㄴ, ㄹ
⑤ ㄷ, ㄹ

시험장 풀이법

휴대전화 1대에서 추출할 수 있는 금은 0.04g이고 휴대전화 1톤에서 추출할 수 있는 금은 280g이므로, 휴대전화 1톤은 휴대전화 7,000대에 해당한다.

ㄱ. (×) 휴대전화 1톤 당 채취할 수 있는 은의 양은 약 140g이다.
→ 0.2×7000 = 1400g

ㄴ. (○) 700대의 휴대전화에서 채취할 수 있는 금의 양은 원석 1톤의 제련으로 얻을 수 있는 금의 양에 비해 7배 많다.
→ 원석 1톤에서 4g, 휴대전화 700대에서 28g을 얻을 수 있다.

ㄷ. (×) 휴대전화 1톤 당 가장 높은 수익을 얻을 수 있는 금속은 로듐이다.
→ 표의 '단가'는 1g 당 단가다. 따라서 가장 높은 수익을 낼 수 있는 것은 코발트다.

ㄹ. (○) 휴대전화 1톤 당 가장 많은 양을 재활용할 수 있는 금속은 코발트이다.
→ 휴대전화 1대에서 가장 많이 추출할 수 있는 금속이 코발트(27.4g)이므로, 1톤에서도 마찬가지다.

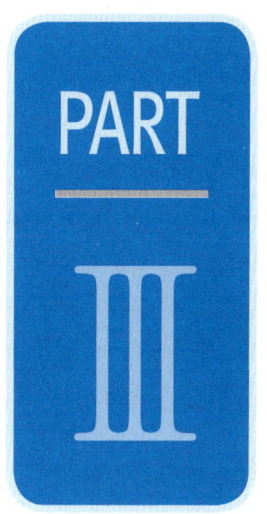

정답 및 해설편

■ 실전 문제 해설 ■

실전 1. 【정답】②

우선 참을 말한 사람이 단 한명이라는 점에 주목하자. 정이 을은 거짓말을 하지 않았다고 했으므로 정이 참이라면 을 역시 참이 된다. 따라서 정은 거짓을 말하고 있는 것이 되고, 을도 거짓말을 한 것이 된다. 그런데 을은 병이 지목한 사람이 디자인을 유출했다고 하였으므로 병이 지목한 사람은 범인이 아닌 것이 되고, 결국 병은 거짓말을 한 것이 되며, 무는 범인이 아니다. 그러면 남아 있는 갑과 무 중에 한 명이 참을 말한 것이 된다. 이때 갑은 병이 디자인을 유출했다 하고 있고, 무는 을이나 병이 디자인을 유출했다고 하고 있으므로 갑이 참이면 무의 말도 참이 된다. 따라서 참을 말하고 있는 사람은 무이고 디자인을 유출한 사람은 을이 된다.

실전 2. 【정답】⑤

우선 두 가지 발언을 한 갑과 병의 경우 두 발언 모두 진실일 경우에만 문제에서 제시한 진실만을 말하고 있는 2명에 들어갈 수 있음에 유의해야 한다.

갑과 병의 발언, 병과 정의 발언, 갑, 병과 무의 발언이 모순되어 있다. 따라서 무가 1등이 아닌 경우 1등을 한 사람이 병이든 정이든 진실인 발언이 하나씩만 있게 되어 문제의 조건을 충족시킬 수 없게 된다. 무가 1등을 한 경우, 무와 을의 발언은 진실, 갑, 병, 정의 발언은 거짓이 되어 문제의 조건을 충족시킨다.

실전 3. 【정답】⑤

위의 진술은 모두 참이고 거짓말을 한 사람이 한명이라는 정보를 토대로 경우의 수를 나누어보면, C가 E는 거짓말을 하고 있다고 했으므로 다음 두 가지 경우가 도출된다.

1) C가 거짓말을 했다고 가정할 경우

E도 거짓말을 한 것이 되므로 조건에 위배

2) E가 거짓말을 했다고 가정할 경우

한 명만이 거짓말을 하고 있다는 정보에 위배되지 않는다.

실전 4. 【정답】①

병, 무, 기의 발언에 의해 무는 C 또는 D를 받은 것으로 볼 수 있다.

무가 C를 받은 경우, 무의 첫 발언은 참, 두 번째 발언은 거짓이다. 따라서 병은 A가 아니다. 또한 병의 첫 발언은 거짓, 두 번째 발언은 참이므로 병은 D도 아니다. 기의 첫 발언은 참, 두 번째 발언은 거짓이므로 기는 C이다. 따라서 을의 첫 발언은 거짓, 두 번째 발언은 참이 되어 을은 A가 아니다. 그에 따라 갑의 첫 발언은 참, 두 번째 발언은 거짓이 되어 갑은 A이다. 무가 C이고 C를 받은 사람은 1명이므로 정의 발언에서 첫 발언은 참, 두 번째 발언은 거짓이 된다. 따라서 정은 A이다. 마지막으로 병은 B가 된다. 이상을 정리하면 다음과 같다.

학점	A	B	C	D
배치된 사람	갑, 정	병, 기	무	을

실전 5. 【정답】②

단 한 사람만 승진결과를 정확히 예상했으므로 갑, 을, 병, 정 네 명 중 한 명만 참말을 한 것이고 나머지 세 명은 거짓을 말한 것이 되는 것이므로 우선 네 명 중 모순되는 진술을 하는 사람이 있는지 찾는다. 을과 정의 진술이 서로 모순이므로 둘 중에 한 명이 참이 될 것이고, 따라서 갑과 병은 거짓을 말한 것이 된다. 즉 갑이 거짓이므로 A와 B는 승진하지 못한 것이 되고, 병이 거짓이므로 C가 승진했거나 F가 승진하지 못한 것이다.

그리고 승진한 사람이 단 한 사람이라 했으므로 결국 승진 대상자는 C이거나, F가 승진하지 못한 경우에는 D나 E도 승진할 수 있게 된다. 각 경우 을과 정의 진술의 참/거짓 여부를 판별해 보면 다음과 같다.

	C	D	E
을	T	F	F
정	F	T	T

C, D, E 중 누가 승진이 되더라도 네 명 중 한 명만 제대로 된 문제의 조건에 모순되는 바가 없으므로 승진한 사람은 C, D, E 중의 한 명이다. 그리고 확정적인 사실은 A, B, F는 승진하지 못했다는 것이다.

실전 6. 【정답】④

이 문제를 푸는 경우의 수는 매우 많지만, 효율적으로 해결하려면 주어진 조건과 모순이 되는 경우를 가정하여 시작하는 것이 바람직하다.

	i	ii	iii	①신다운의 발언의 경우 신다운의 말이 사실이라면 안톤 오노가 신다운의 하위자가 되어, 안톤 오노가 1위라는 발언과 모순된다. 따라서 안톤 오노는 1위가 아니고, 안톤 오노가 신다운보다 상위에 있다. 이러한 조건을 만족하는 경우는 다음의 3가지이다.
1위				
2위	안톤 오노	안톤 오노		
3위	신다운		안톤 오노	
4위		신다운	신다운	

	i	ii	iii
1위	크네호트	크네호트	
2위	안톤 오노	안톤 오노	
3위	신다운	빅토르안	안톤 오노
4위	빅토르안	신다운	신다운

② i 과 ii 의 경우 안톤 오노가 2위이므로 크네호트가 2위라는 빅토르안의 발언은 거짓이다. 따라서 크네호트가 빅토르안보다 상위이다.
③ 그런데 ii 는 크네호트의 신다운에 대한 발언이 거짓이므로 문제의 조건과 모순된다. →(×)
④ iii의 경우 크네호트가 신다운보다 상위인데 신다운에 대한 발언이 거짓이므로 모순이다. →(×)

따라서 문제의 조건과 모순되지 않는 경우는 i 뿐이므로 순위는 크네호트-안톤 오노-신다운-빅토르안의 순서가 된다.

실전 7.【정답】④

지문의 조건을 정리하면 다음과 같다.

1) B → ~C   C → ~B
2) E ↔ F   ~F ↔ ~E
3) A → B   ~B → ~A
4) E → C   ~E → ~C

① A → E : 3) → 1) → 4) 순서로 보면 E는 임명되지 않는다.
② F : 정확히 알 수 없다.
③ B → F : 1) → 4) → 2) 순서로 보면 F는 임명되지 않는다.
④ A → ~F : 3) → 1) → 4) → 2) F는 임명되지 않는다.
⑤ F → ~C : 2) → 4) 순서로 보면 C는 임명되지 않는다.

실전 8.【정답】②

조건을 순서대로 기호화 하면 다음과 같다.

1) A or B
2) A → (C or D)   (~C & ~D) → A
3) (~B or ~D) → ~C   C → (B & D)
4) B → ~E   E → ~B
5) C → E   ~E → ~C
6) D → (E or F)   (~E & ~F) → ~D

3), 4), 5) 조건을 엮으면 C → (B & D) → ~E → ~C 이므로 모순이 된다. 즉 C는 참석하지 않는다.
참석할 수 있는 경우의 수를 표시하면 다음과 같다.

A	B	C	D	E	F
O	O	×	O	×	O
O	×	×	O	?	?
×	O	×	O	×	O

결국 반드시 참석하는 사람은 D이다.

실전 9. 【정답】①

지문에 주어진 정보를 기호화하여 나타내면 다음과 같다.

1) (민감 & 에스) → 속도
2) 분해 → (~민감 & ~호르몬)
3) 호르몬 → (분해 or 속도)
4) ~혈액 → (~분해 & ~속도)

ㄱ. ~혈액 → ~호르몬 (O)
ㄴ. 호르몬 → ~민감 (×)
ㄷ. 민감 → 분해 (×)
ㄹ. ~호르몬 (×)

실전 10. 【정답】④

주어진 조건을 간단히 기호화하여 정리하면 다음과 같다.
1) A or C
2) ~D → (~A & B)
3) (A & C) → ~E
4) (C or D) → E
5) (A & C) → (~D & E)

3)과 5)의 대우명제를 연결하면 (A & C) → ~E → (~A or ~C) = ~(A & C)가 되어서 모순이 발생한다. 즉 ~(A & C)가 된다. 이와 함께 지문의 조건들을 연결하면 다음 두 가지 경우의 수가 나온다. 이를 바탕으로 스터디에 참여하는 최소인원과 최대인원을 표시하면 다음과 같다.

A	B	C	D	E	최소/최대
○	○	×	○	○	최대 4
×	○	○	×	○	최소 3
×	×	○	○	○	

따라서 최소인원은 3명, 최대인원은 4명이다.

실전 11. 【정답】 ⑤

정보를 기호화하여 정리하면 다음과 같다.

1) A or B (둘 중 하나)
2) ~A → (~데이터 or ~음성)
3) 데이터
4) ~음성 → (연애 & 외근)
5) ~연애

5)가 확정적인 정보이므로 이를 4)의 대우명제에 대입하면 '음성'도 확정적이다. 또한 3)도 확정적이므로 이 모두를 2)의 대우명제에 대입하면 A라는 결론이 나온다. 그런데 1)에서 A이면 ~B이므로 반드시 참인 것은 ⑤ '갑돌이는 B사의 99요금제를 선택하지 않는다.'이다.

실전 12. 【정답】 ②

지문에 나타난 사실을 간단히 기호화하면 다음과 같다.

1) A or B or C (셋 중 적어도 둘은 합격)
2) (B or ~F) → (~C & E)   (C or E) → (~B & F)
3) (C or D) → ~F   F → (~C & ~D)
4) (~B & ~C) → ~E   E → (B or C)
5) ~D → (A & ~F)   (~A or F) → D

밑줄 친 두 명제를 연결하면 F → (~C & ~D) → (A & ~F)가 되어서 모순이 발생한다. 따라서 ~F가 된다. 이를 시작점으로 A~F의 서류전형 합격여부를 표시해 주면 다음과 같이 두 가지 경우의 수가 나온다.

A	B	C	D	E	F
O	O	×	O	O	×
O	O	×	×	O	×

따라서 반드시 참인 것은 ② 'A와 E는 서류전형 합격 여부가 같다.' 이다.

실전 13. 【정답】 ⑤

조건에 따를 때 (I-G)와 (H-N)은 같이 붙어 다니는 블록을 형성한다. (I-G)를 기준으로 경우의 수를 나누면 다음과 같다.

1) I를 월요일에 하는 경우

   ⅰ) M을 G 바로 다음날 하는 경우

	월	화	수	목
기초업무	I	G	J	H
응용업무	L/O	O/L	M	N

   ⅱ) M을 G 바로 다음 날은 하지 않는 경우

	월	화	수	목
기초업무	I	G	H	J
응용업무	L/O	O/L	N	M

2) I를 화요일에 하는 경우

	월	화	수	목
기초업무	H	I	G	J
응용업무	N			M

   이 경우 업무 O를 한 날 이후에 업무 N을 해야 한다는 마지막 조건에 위배된다.

3) I를 수요일에 하는 경우

	월	화	수	목
기초업무			I	G
응용업무				

   이 경우 업무 G를 한 이후에 업무 M을 할 수 있다는 첫 번째 조건에 위배될 수밖에 없다.

실전 14. 【정답】 ①

지문의 정보 중 기호화할 필요가 있는 것을 정리하면 다음과 같다.

    1) ~C → B   2) A → ~D
    5) 일 → (토 or 금)   6) 일 & ~금

3)번 4)번 정보는 아래와 같이 매칭표를 그려 직접 표시한다.

	금	토	일
A	O		
B	O	×	
C			
D		×	

이를 바탕으로 앞서 정리한 정보를 더하여 빈칸을 채우면 다음과 같다.

	금	토	일
A	O		
B	O	×	
C	×	O	O
D	×	×	×

따라서 반드시 참인 것은 ① C 구역은 금요일 야간에 운영되지 않는다. 이다.

실전 15. 【정답】 ①

〈조건〉과 갑, 을, 병, 정의 대화를 바탕으로 계절학기 신청 결과를 정리하면 다음과 같다.

	갑	을	병	정
1교시	행정법	정치학	경제학	한국사
2교시	한국사	행정법	정치학	경제학

실전 16. 【정답】 ②

주어진 정보를 위에서부터 각각 1)~6)이라 하자. 이중 기호화 할 수 있는 것을 정리하면 다음과 같다.

1) 정아 → 갑순
2) ~병만 → 을수
3) 스키점프 & ~스피드
4) 스키점프 → (피겨 or 스피드)

	스키점프	피겨	스피드
갑순	×	×	×
을수		×	O
병만	O	O	×
정아			O

ㄱ. 스피드 스케이팅을 관람한 사람은 을수와 정아뿐이다. (T)
ㄴ. 병만은 피겨 스케이팅 경기는 관람했지만 스키점프 경기는 관람하지 않았다. (F)

ㄷ. 정아가 스피드 스케이팅 경기만 관람했는지는 주어진 정보만으로는 알 수 없다.(?)
ㄹ. 갑순은 정보에서 언급된 세 경기 중 아무 것도 관람하지 않았다.(T)

실전 17. 【정답】 ③

공고문에 주어진 조건은 '흉부외과 → 외상외과, 외상외과 ≠ 정형외과(당연히 흉부외과 ≠ 정형외과)'이다.

갑 : 진위여부가 확실하지 않다.
을 : 흉부외과와 신경외과에 동시 배정된 레지던트는 외상외과에도 배정되므로 세 과에 배정되는 레지던트는 반드시 존재한다.
병 : 흉부외과와 정형외과는 절대 중복배정이 안되는데, 그렇다면 신경외과와 정형외과를 배정받은 레지던트 역시 흉부외과에는 배정받을 수 없다.

실전 18. 【정답】 ②

조건을 정리해서 표시하면 경우의 수는 아래의 두 가지가 있다.

월	화	수	목	금	토
A	F	E	B	D	C
E	A	F	B	D	C

실전 19. 【정답】 ③

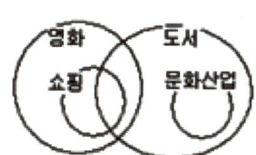

ㄱ. 우리나라 문화산업이 발전하고 있다고 생각하는 사람은 쇼핑을 좋아하지 않는다.(T)
ㄴ. A 문화상품권으로 영화 관람과 도서 구입을 모두 하는 사람이 있다.(T)
ㄷ. A 문화상품권으로 도서를 구입하지 않으면서 쇼핑을 좋아하는 사람이 있다.(?)

실전 20. 【정답】 ③

① 갑순이는 심장이식 수술이 아니라, 인공심장 자체를 체내에 삽입하기 위해서 체중을 60kg 이하로 유지해야 한다.
② 인공판막을 이식하는 것과 인공심장 자체를 체내에 삽입하는 것은 인공심장을 이식하는 다양한 방법 중 두 가지이므로 갑순이가 인공판막을 이식하지 않는다면, 인공심장 자체를 체내에 삽입해야 한다는 것을 옳지 않다.
③ 갑순이가 평생동안 혈액응고 방지제인 와파린을 먹지 않는다면 인공심장 자체를 체내에 삽입할 수 없고, 그러면 외부활동을 자유자재로 할 수 없다.
④ 갑순이가 인공심장 자체를 체내에 삽입하지 않는다면 인공판막 이식 등 다른 방법도 있으므로 갑순이가 인공심장 이식을 통해 생존할 수 없다고 볼 수 없다.
⑤ 갑순이가 임공심장 이식 중 인공판막 이식을 하면 5년에 한 번씩은 새로운 수술을 받아야 한다.

PART IV

부록

부록 | PSAT 논리퀴즈와 상황퍼즐
시험에 자주 출제되는 논리 연역 규칙

1. 전건긍정법 : 조건문의 전건을 긍정하여 후건을 결론으로 도출

$p \rightarrow q$

p

―――――

q

운동을 열심히 하면 체중이 줄어든다.

철수는 최근 운동을 열심히 했다.

――――――――――――――

철수의 체중이 줄었을 것이다.

> ※ 유의해야 할 오류 : 후건 긍정의 오류
>
> $p \rightarrow q$
>
> q
>
> ―――――
>
> p
>
> 만일 그가 조국을 사랑한다면, 그는 마르크스를 읽을 것이다.
>
> 그는 마르크스를 읽는다
>
> ――――――――――――――――――
>
> 그는 조국을 사랑한다.

2. 후건부정법 : 조건문의 후건을 부정하여 전건의 부정을 결론으로 도출

p → q

not q

―――――

not p

만약 철수의 말이 옳다면 민혁이는 그날 모임에 가지 않았다.

민혁이는 그 날 모임에 갔다.

―――――――――――――――――――――

철수의 말이 틀렸다.

> ※ 유의해야 할 오류 : 전건부정의 오류
>
> p → q
>
> not p
>
> ―――――
>
> not q
>
> 만일 공무원들이 이기심을 극복할 수 있다면, 부정부패는 사라질 것이다.
>
> 공무원들은 이기심을 극복할 수 없다.
>
> ―――――――――――――――――――――
>
> 부정부패는 사라지지 않을 것이다.

3. 선언지제거법(선언삼단논법) : 선언지들 중 어느 하나를 부정하여 제거한 후 제거되지 않은 선언지를 결론으로 주장

p or q
not p
_____
q

달수는 도망갔거나 붙잡혔다.

달수는 도망가지 않았다.

_____

달수는 붙잡혔다.

※ 유의해야 할 오류 : 선언지긍정의오류

p or q

p

_____

not q

호랑이는 사납거나 위험하다.

호랑이는 사납지 않다.

_____

호랑이는 위험하지 않다.

4. 단순양도논법

p or q

p → r

q → r

───────

r

나는 공부를 하든지 등산을 할 것이다.

만약 내가 공부를 한다면 기분이 좋을 것이다.

만약 내가 등산을 한다면 기분이 좋을 것이다.

─────────────────────

나는 기분이 좋을 것이다.

5. 복합양도논법

p or q

p → r

q → s

───────

r or s

나는 참말을 말하든지 거짓말을 말해야 한다.

만약 내가 참말을 하면 사람들이 싫어할 것이다.

만일 내가 거짓말을 하면 신이 싫어할 것이다.

─────────────────────

사람들이 싫어하든지 신이 싫어할 것이다.

6. 정언명제 : '모든/어떤' + '이다/아니다'로 구분되는 네 가지 명제

정언명제	양	질	유형
모든 S는 P이다	전칭	긍정	전칭긍정
모든 S는 P가 아니다	전칭	부정	전칭부정
어떤 S는 P이다	특칭	긍정	특칭긍정
어떤 S는 P가 아니다	특칭	부정	특칭부정

※ 네 가지 명제의 상호 관계(참거짓의 관계)

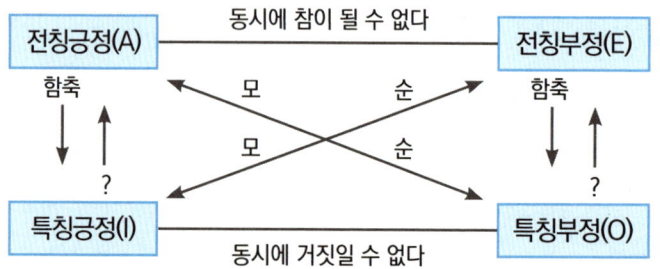

① 대각 관계: A와 O, I와 E의 진리값은 항상 서로 반대이다.
　　　　　　하나가 참이면 다른 하나는 반드시 거짓이다.

② 상하 관계: A가 참일 때, I는 참이다. E가 참일 때, O는 참이다.
　　　　　　I가 참일 때, A는 알 수 없다. O가 참일 때, O는 알 수 없다.

③ 좌우 관계: A와 E는 동시에 참일 수 없다. 하지만 동시에 거짓일 수는 있다.
　　　　　　※ 대각 관계와 비슷해 보이지만 다르다는 것에 주의.
　　　　　　I와 O는 동시에 참일 수 있다. 하지만 동시에 거짓일 수는 없다.